ÉTUDES SUR QUELQUES MALADIES

DE

L'APPAREIL DIGESTIF

PAR

M. LE Dr ROBIN,

Docteur en médecine de la Faculté de Paris,
Membre correspondant de la Société impériale de médecine
de Lyon

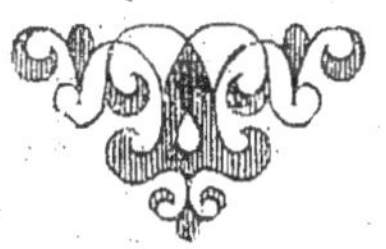

LYON
IMPRIMERIE D'AIMÉ VINGTRINIER
QUAI SAINT-ANTOINE, 35

1860

ÉTUDES

SUR

QUELQUES MALADIES DE L'APPAREIL DIGESTIF

ÉTUDES SUR QUELQUES MALADIES

DE

L'APPAREIL DIGESTIF

PAR

M. LE Dr ROBIN,

Docteur en médecine de la Faculté de Paris,
Membre correspondant de la Société impériale de médecine
de Lyon.

LYON
IMPRIMERIE D'AIMÉ VINGTRINIER
QUAI SAINT-ANTOINE, 35

1860

A MON ONCLE

INNOCENT-FRANÇOIS PICHOT

MA FAMILLE LUI DOIT LES ÉLÉMENTS DE SON BONHEUR.
JE LUI DOIS LES BIENFAITS DE L'ÉDUCATION
CLASSIQUE ET PROFESSIONNELLE.

EN LUI DÉDIANT CET OPUSCULE ,
JE NE FAIS QU'ACCOMPLIR UN PIEUX DEVOIR
DE RECONNAISSANCE ET FORMULER MON CULTE
POUR SA PERSONNE.

CHAPITRE Ier.

Les hommes de génie qui hâtent la marche progressive de l'esprit humain exercent sur leurs semblables un pouvoir dictatorial qui s'étend quelquefois sur plusieurs générations. Cette influence devient plus ou moins heureuse, suivant que le vrai ou le faux domine dans les résultats de leurs méditations.

Aucun homme, parmi tous ceux qui nous ont précédé, n'a rien produit d'absolument parfait et nous avons lieu de croire que, malgré l'éclat des découvertes récentes et les espérances qu'elles ont fait concevoir, les générations présentes et futures n'auront, à cet égard, aucun avantage sur les générations passées. Les plus hautes réputations ne sont donc pas à l'abri des recherches de la critique et l'ami de la vérité ne peut accepter sans contrôle les assertions d'un auteur dont il admire cependant les talents et les hautes conceptions.

Ces réflexions, qui s'appliquent à l'histoire des découvertes, dans tous les temps, me sont naturellement suggérées par les faits qui se passent sous nos yeux. Une vérité scientifique est à peine éclose, qu'en même temps surgissent les éléments de sa destruction. Hier, le foie nous semblait à tout jamais investi de fonctions admirablement analysées et démontrées ; aujourd'hui, le voilà cerné dans ses nouvelles attributions par des expérimentateurs non moins ardents à le déposséder de ses titres que ne l'avait été le parrain de la glycogénie à l'en investir.

La moelle épinière et les nerfs qui en émanent nous avaient été présentés comme des organes fonctionnant d'après des lois physiologiques aussi régulières, aussi tranchées, aussi caractérisées, aussi immuables que celles de la gravitation, de la chaleur, de l'électricité, et voilà que le scapel d'un physiologiste vient impitoyablement trancher nos convictions dans ce qu'elles ont de plus vital.

Une lumière brillante venait à peine de dissiper l'obscurité qui voilait les fonctions du pancréas, qu'un expérimentateur cherchait à nous démontrer que nous étions abusés par un trompeur mirage.

Enfin l'édifice toxicologique, que le génie patient et investigateur d'Orfila avait mis toute une existence humaine à construire, ne semble-t-il pas menacé de s'écrouler sous les coups de l'expérimentation dans laquelle il avait cru lui-même puiser les matériaux les plus solides ?

Si au moins, après avoir impitoyablement renversé les idoles que nous adorions, on indiquait à notre culte un Dieu qui fût le vrai ! mais au milieu des ruines que chaque jour amoncèle, nous ne savons sous quel toit scientifique abriter nos convictions ; et, pour le médecin praticien, le doute le plus pénible pour l'esprit, le scepticisme le plus décourageant pour l'art, seraient la conséquence de cette anarchie, s'il ne puisait, dans son observation personnelle et journalière les éléments d'une foi qui peut se passer du verre à réactif et du scapel à vivisection.

Toutefois une considération doit raffermir l'homme de croyance dans sa conviction, c'est que la vérité finit toujours par percer les nuages dont elle est forcément et nativement entourée et après bien des oscillations, ce qui est vrai demeure tel, comme ce qui est grand, comme ce qui est beau, comme ce qui est bien.

L'histoire des maladies des organes digestifs a passé par les mêmes phases que les autres vérités scientifiques. Après avoir été décrites par les anciens comme autant d'entités qu'ils apercevaient de symptômes remarquables, ce n'est qu'à la révolution médicale commencée par les travaux de Pujol, de Prost, de Bichat, de Pinel et si brillamment continuée par Broussais, que leur rôle véritable a été assigné à ces maladies.

Exagérée comme toute idée déduite d'une théorie, la doctrine physiologique ne tarda pas à perdre de son prestige et à provoquer une réaction qui, commencée par l'examen de l'Examen des doctrines médicales, continuée par la thèse remarquable de M. le docteur Devay, se produit encore par toutes les leçons cliniques et tous les traités qui nous parviennent jusques dans notre solitude, leçons et traités dans lesquels il est à peine question de la gastro-entérite, ou du moins dans lesquels il n'en est fait mention que pour nier son existence.

Sans doute, il est bien que le mouvement scientifique s'opère; que les erreurs, les exagérations soient élaguées comme autant de broussailles qui s'opposent au cheminement de la vérité. Cette épuration, au lieu d'être une tendance rétrograde, est au contraire un progrès qui sert de trait d'union entre les doctrines anciennes et les découvertes récentes.

Mais la réaction a autant de tort d'être absolue que la pression en avait d'être exagérée. On admet l'inflammation spontanée, accidentelle ou restauratrice d'un tendon, d'un os, c'est-à-dire des tissus les plus dépourvus de vascularité, et l'on s'obstine à refuser l'aptitude à s'enflammer à un organe qui non seulement est éminemment prédisposé à cet état morbide par sa structure, mais encore par suite de l'abus déplorable qu'on ne cesse d'en faire.

Ce qui prouve que l'inflammation de l'estomac et des intestins existe réellement, c'est que les appellations par lesquelles on la désigne, sont passées du langage scientifique dans celui de la conversation, et qu'aujourd'hui chacun comprend ce qu'il veut dire, quand il prononce les mots gastrite, gastro-entérite.

Cette vulgarisatiou d'un mot scientifique désigne un fait réel, une vérité incontestable et qui restera, de même que la vulgarisation d'un objet d'art est une preuve de la beauté de cet objet. La musique de Meyerbeer ou de Rossini n'en est pas moins sublime, parce que, du temple élevé au culte des beaux-arts, elle est descendue dans les carrefours, par l'orgue de Barbarie.

L'estomac n'est point un tissu simple. Il est composé, en allant de dedans en dehors, de deux membranes appelées muqueuse et musculeuse, toutes deux comprenant dans leur tissu une multitude de filets nerveux et de vaisseaux sanguins artériels, veineux, capillaires et enfin du tissu cellulaire nécessaire à la texture de tous les viscères. Chacun de ces différents tissus peut être affecté isolément, à différents degrés et ils ne le sont jamais tous ensemble, au moins dès le début.

De plus, le trouble des fonctions de l'estomac se communique assez promptement au tube intestinal et au foie. Le cœur, le pancréas et les glandes mésentériques y participent plus tard, aussi bien que les reins, la vessie et l'appareil générateur. Le cerveau, la moelle épinière et tout le système nerveux reçoivent à leur tour l'influence des troubles fonctionnels de ce viscère et tous réagissent sur lui, quand ils sont altérés primitivement.

De toutes ces réactions sympathiques résulte une multitude d'accidents très-variés dont le point de départ est toujours le même. De là, la confirmation de cet aphorisme d'Hippocrate : *Consensus unus, conspiratio una, consentia omnia.*

Cette complication des maladies rend le traitement très-difficile, soit qu'on ne puisse reconnaître si l'altération réside dans la membrane muqueuse, la membrane musculeuse ou les tissus nerveux et sanguin, soit qu'on manque de médicaments pour agir directement sur eux; de là, un traitement purement empirique usité jusqu'à l'ère inaugurée par la médecine physiologique; et qui sait si les succès obtenus par une pratique hasardeuse, pouvaient balancer les malheureux résultats dont les malades devaient être les victimes!

La gloire de la médecine physiologique est d'avoir indiqué une meilleure route, d'avoir fait connaître la cause et la nature du mal et enfin d'avoir indiqué un traitement qui, bien appliqué, devait être d'autant plus heureux qu'il était plus rationnel.

Le repos d'un organe malade est plus ou moins nécessaire pour en rétablir les fonctions, suivant qu'elles sont plus ou moins indispensables à l'entretien de la vie et que la lésion est plus ou moins profonde.

Les affections de l'organe visuel veulent que l'œil soit soustrait à la lumière. La pensée doit être interdite au cerveau souffrant et les fractures des membres exigent d'être garanties de tout mouvement. L'instinct suffit pour condamner à une inaction plus ou moins complète tous les individus affectés d'une inflammation grave. Les organes tels que le cœur et les poumons dont les fonctions ne sauraient être suspendues pendant un temps suffisamment long, sont difficiles à guérir et la syncope et l'asphyxie pourraient être parfois avantageuses, si leur durée était compatible avec la vie.

Il est hors de doute que la plupart des maladies de l'estomac proviennent d'une alimentation trop copieuse ou prise hors de propos, et si cette cause a pu agir en altérant les fonctions de quelques-uns des tissus de l'estomac, la cause enlevée, l'effet doit disparaître. Ainsi d'abord une diète plus ou moins sévère, suivant les accidents, doit précéder ou accompagner tout autre traitement.

Quel que soit le préjugé contraire, la diète thérapeutique n'a jamais compromis la vie d'aucun malade et la raison ne peut plus suffire pour résister à l'instinct impérieux qui nous porte vers les aliments, lorsque l'abstinence a été suffisante ou qu'elle est arrivée au point de devenir nuisible.

En général, le besoin d'alimentation est beaucoup diminué dans l'état pathologique, même chez les animaux. Il n'est pas rare de voir des malades ne prendre autre chose, pendant des mois entiers, que quelques cuillerées de liquide, et lorsqu'ils reviennent à l'état normal, ils reprennent tout à coup des forces au grand étonnement de ceux qui les entourent, lorsque la veille encore ils pouvaient à peine se lever de leur lit.

Lorsque les lois de l'organisation sont perverties au point de laisser subsister ou même d'accroître l'appétit, lorsque, par une fausse prévoyance ou par une condescendance coupable, on continue une alimentation aussi inutile que nuisible, la maladie se prolonge et acquiert une nouvelle gravité.

Si l'alimentation doit être suspendue lors même que l'appétit existe, dans les maladies gastriques, il est hors de doute que l'inappétence est une circonstance favorable et qu'il faut bien se garder de solliciter les malades à surmonter leur répugnance.

Il n'est pas de pire appétit que celui qui vient en mangeant ou en voyant manger les autres, ou celui qui est provoqué par les raffinements de l'art culinaire. Beaucoup d'individus languissent longtemps en menant une existence déplorable, sans se douter qu'ils sont maîtres de se guérir. L'opulence qui donne les moyens de satisfaire tous ses goûts est la source d'une multitude de maladies. La goutte, la gravelle, la pierre, cet ennui de la vie que les Anglais appellent spleen, ont établi leur domicile chez l'homme riche et qui abuse de sa richesse.

La médecine ne possède aucun remède plus généralement utile que la sobriété; et la privation plus ou moins complète d'aliments peut faire disparaître des maladies contre lesquelles toutes les ressources de la matière médicale avaient été impuissantes.

Cornelius Nepos raconte qu'Atticus, riche Romain, résolut de se laisser mourir de faim pour se soustraire aux tourments d'une maladie réputée incurable. Après trois jours d'abstinence complète, il ne souffrait plus.

Les maladies les plus invétérées peuvent ne pas résister à la diète et certaines tumeurs internes, certains épanchements ont pu disparaître par suite de l'absorption interstitielle; tous les tissus étant en quelque sorte affamés, un très-grand nombre de suicides se trouveraient réconciliés avec la vie, s'ils choisissaient la mort par privation d'aliments, plutôt que par les moyens qui détruisent brusquement et d'un seul coup l'organisation.

La mortalité des enfants en bas âge est vraiment effrayante en France, dans le voisinage des montagnes surtout. La fréquence des brusques variations dans le froid et la chaleur ainsi que la négligence que l'on met à les en préserver, en fournissent une cause ; mais l'abus des aliments n'est pas moins funeste. On voit dans toutes les cérémonies publiques des gâteaux ou d'autres aliments d'une nature plus ou moins appétissante entre les mains des enfants et de leurs nourrices ; et lorsqu'ils sont malades on ne cesse d'exciter leur appétit ou de chercher à calmer leurs cris par l'appât des mêmes friandises.

Au contraire, on voit en Irlande la population augmenter d'une manière extraordinaire, malgré la misère qui la frappe, parce qu'elle n'a jamais assez d'aliments pour se mettre dans le cas d'en abuser.

Tous les hommes aspirent à la longévité ; mais bien peu sont capables de suivre la route qui les conduirait à ce but. La nature a opposé au désir de conserver l'existence et à la crainte de la privation, les impulsions de l'instinct qui le poussent à abuser des jouissances. Le plaisir attaché à l'ingestion des aliments et des boissons dans la bouche et l'estomac entraîne à le satisfaire, malgré le raisonnement, malgré la conviction acquise par une douloureuse expérience des suites funestes qui en résultent toujours. C'est ainsi que l'individu qui vient d'échapper à la douleur atroce de la colique perd si promptement le souvenir de la cause qui l'a produite et renouvelée. Ainsi la femme vicieusement conformée, qui vient de subir l'horrible épreuve de la mutilation de son enfant ou de sa propre mutilation, manque rarement de s'exposer aux chances d'une nouvelle maternité.

Les peines dont la religion menace l'incontinence et la gourmandise n'ont pas plus de pouvoir que les leçons de l'expérience. Ce conflit entre l'instinct et la raison est certainement une des causes les plus puissantes qui s'opposent à la longévité dont les exemples deviennent si rares parmi nous. Il est peut-être, si l'on examine la question au point de vue de la philosophie ou de l'économie sociale, un des moyens qui empêchent les générations de s'accumuler outre mesure, et la mortalité, amenée par nos excès, représente une nécessité plus ou moins grande, à mesure que les nations deviennent plus éclairées. Un moment viendra et sans doute il n'est pas éloigné, où, sous l'influence des lumières civilisatrices qui tendent à se répandre jusqu'au sein des peuples les plus barbares, ceux-ci finiront par reconnaître l'absurdité de la guerre et l'inanité de la victoire, de manière que les maladies seules puissent rétablir l'équilibre nécessaire entre la production des aliments et l'accroissement de la population.

2

Cette assertion pourra paraître paradoxale en présence des procédés agricoles dont la perfection semble nous présager une production indéfinie. Cependant, elle trouvera sa raison d'être, si l'on réfléchit que, depuis dix ans, la production des céréales n'a pu atteindre, en France, le niveau de la consommation et que ce déficit qui se présente annuellement n'est pas, pour le gouvernement, la cause la moins grave de ses sollicitudes et de ses préoccupations.

Les habitudes, le tempérament, l'idiosyncrasie doivent entrer en ligne de compte dans l'appréciation du régime alimentaire qui convient à chacun, dans l'état de santé, comme dans l'état pathologique. Le libre arbitre est un combat entre les impulsions de l'instinct et les déterminations prises par l'entendement. L'homme le plus sage est celui chez lequel l'instinct est le moins puissant. Voilà pourquoi l'homme qui réfléchit peu est si souvent l'esclave de ses mauvais penchants. Voilà pourquoi les animaux obéissent toujours aux impulsions de leur instinct. Voilà pourquoi certains hommes demeurent sans défense contre les passions violentes, surtout celles qui prennent naissance dans leur organisation intime, c'est-à-dire contre les besoins, la faim, la soif, l'instinct génésique.

Il n'est point d'homme complètement et toujours maître de ses volontés. Les circonstances décident souvent de notre énergie. On fut brave un tel jour;

aujourd'hui, demain on sera pusillanime. Les hommes qui ont le plus de sang-froid sur le champ de bataille en ont souvent le moins en face de la douleur, dans les souffrances de la maladie ou étendus sur leur lit, en attendant leur dernière heure. Les guerriers qui affrontent les boulets sans sourciller, deviennent, étant malades, la proie du charlatan qui leur promet guérison. Dans la plénitude de sa santé, Napoléon 1er ne considéra la religion qu'au point de vue de son influence sur les masses. Frappé d'un cancer du pylore, le grand homme accepta de cette même religion les sublimes consolations et les célestes espérances.

Non seulement le caractère de l'homme reçoit des modifications provenant de l'harmonie plus ou moins complète des fonctions digestives, mais encore de la nature des aliments employés. Ainsi que l'a dit l'auteur de la Médecine des passions, un régime animal exclusif et l'usage des boissons fermentées rendent les passions violentes, tandis qu'une diète végétale tend à en émousser l'aiguillon. C'est à cette observation que sont dus les jeûnes et les abstinences commandés par toutes les religions. La sobriété, en entretenant l'harmonie des organes, contribue au perfectionnement de l'intelligence, et c'est à juste titre que cette vertu a toujours été considérée comme la source de toutes les autres et comme le préservatif de la plupart des passions.

Si l'abus des aliments est une cause si fréquente des

maladies des organes digestifs, la privation elle-même peut leur donner lieu. Les canons de l'Église, en prescrivant le carême, auraient dû régler la quantité et la qualité de la nourriture permise à chaque repas. Appelé à donner des soins médicaux à plusieurs maisons religieuses, j'ai vu, chez des individus qui avaient observé le jeûne avec sévérité, survenir des affections très-graves de l'estomac et cet état morbide se reproduire chaque année, à la même époque.

User et ne point abuser, tel est pour l'homme le plus sûr moyen d'obtenir et bonheur et santé. Tel est aussi le moyen, pour me servir du langage d'un illustre physiologiste, de s'approprier dans la somme de vie répartie sur la surface du globe, le maximum de la quote-part qui lui revient.

Il paraîtra peut-être absurde de faire une obligation d'user des plaisirs de la vie; mais, quoique les suites de la privation ne présentent pas tout d'abord une série de douleurs aussi cruelles que l'abus des mêmes choses, il n'en est pas moins certain que les souffrances les plus vives sont la conséquence de la privation.

Les yeux maintenus fermés ou longtemps dans l'obscurité ne peuvent supporter la lumière. Le cerveau tombe dans l'atrophie morale ou l'idiotie, lorsque l'intelligence cesse d'être cultivée. L'isolement dans lequel avait vécu certain personnage cité par Buffon, avait rendu les sensations de l'ouïe, du goût, de l'odorat d'une sensibilité insupportable. La continence gardée dans des limites trop exactes amène quelquefois les maladies nerveuses les plus cruelles, si la nature ne trouve les moyens de suppléer à l'obstination de l'individu. On peut lire dans le même auteur l'histoire saisissante d'un jeune ecclésiastique qui mourut ainsi victime de ses énergiques convictions.

Il semble que la Providence voulut que les peines infligées à la privation ne fussent pas les moins puissantes pour assurer la conservation de l'espèce. Quoi qu'il en soit de cette explication sur les suites que peut entraîner la privation des choses nécessaires, l'abus de ces mêmes jouissances présente, sans nul doute, un spectacle affligeant et des souvenirs tellement douloureux, que nous devons régler nos actions de manière à ne point nous laisser des motifs de repentir.

Toutefois les limites de l'usage et de l'abus sont difficiles à établir d'une manière tranchée. Ainsi l'habitude et l'idiosyncrasie doivent être prises en grande considération. Quoique les hommes aient été créés d'après un type primitif et qu'ils se ressemblent en apparence, il n'en est pas moins vrai que chacun présente des singularités et des différences plus ou moins grandes. Il est aussi difficile de trouver deux hommes, semblables par la figure, le tempérament et les dispositions physiques et morales, que de rencontrer sur le même arbre, sur la même plante deux feuilles qui puissent être calquées exactement l'une sur l'autre.

Chacun a sa manière d'apprécier les objets extérieurs, soit que la sensation lui soit transmise par la vue, l'odorat, l'ouïe, le goût et le toucher, soit que la manifestation intellectuelle surgisse spontanément du principe pensant. Cette grande variété dans les sensations et les perceptions en amène nécessairement dans les actes qui en résultent. Aussi les motifs des déterminations morales, quoique les mêmes, ont des résultats bien différents. C'est ainsi que les probabilités des faits nous apparaissent sous un point de vue tout à fait différent et que nos croyances en tout genre sont entièrement sous la dépendance de notre façon d'envisager les mêmes raisonnements, les mêmes preuves, les mêmes impressions ; de concevoir avec plus ou moins de facilité, de croire avec plus ou moins de conviction, d'opiniâtreté, d'enthousiasme, et l'idiosyncrasie est aussi vraie au moral que pour ce qui regarde le physique.

Sous ce dernier rapport, la manière dont nous éprouvons le froid, le chaud, dont nous sommes susceptibles d'être affectés par un vomitif ou un purgatif, d'éprouver un état fébrile, de résister à l'impression des agents nuisibles à la santé que d'y succomber plus ou moins promptement, la liaison des sympathies, surtout les appétits et les impulsions de l'instinct nous rendent plus ou moins sujets à telle ou telle maladie et établissent, dans le traitement, des modifications que le médecin doit toujours examiner avec le plus grand soin.

Il est certaines nations, il est même des individus chez lesquels la manière de vivre et le tempérament spécial peuvent justifier les exceptions et indiquent d'employer une alimentation plus large. Mais il est inutile de s'occuper ici des exceptions, dans l'art de guérir, *rara non sunt artis*. Les Lapons, les Esquimaux, tous les peuples sauvages qui ingèrent dans leur estomac la graisse d'ours, l'huile de phoques et la chair crue des esturgeons, ne peuvent être soumis aux lois de la diététique, et l'expérience des individus privilégiés, des Lucullus modernes, pour lesquels les cinq parties du globe sont à peine suffisantes pour fournir les éléments nécessaires à la satisfaction de leur gloutonnerie et de leur gourmandise, les met à l'abri de nos ordonnances.

Mais il est des cas dans lesquels l'alimentation devient un besoin pressant, bien qu'elle soit suivie d'un malaise très-grand, c'est lorsque l'estomac est le siége d'une irritation nerveuse. Dans ce cas, la maladie au lieu de céder à la privation des aliments, est exaspérée par la diète. La digestion laisse les sens obtus, l'humeur impatiente, la tête lourde, les jambes fatiguées, le ventre plus ou moins ballonné. Les boissons alcooliques procurent un calme qui n'est jamais de longue durée et qui jette bien souvent les malades dans une sécurité trompeuse.

Lorsque le besoin d'aliments se fait sentir dans ces cas-là, si l'on se livre à son appétit, il arrive presque toujours, deux ou trois heures après le repas, parfois même le lendemain, que des malaises ou des douleurs intestinales se font sentir.

Toutes les fois que cela s'observe, il doit être prouvé qu'il existe un trouble plus ou moins notable dans l'innervation de l'organe principal de la digestion et que l'appétit est un indice peu sûr pour régler la quantité d'aliments qui doit être ingérée.

L'appétit vrai est soutenu ; il n'a pas les intermittences bizarres de l'appétit gastralgique. Toute espèce d'aliments qui n'excite pas naturellement de répugnance est propre à le satisfaire. On doit se rendre compte à soi-même si tel aliment vaut mieux que tel autre ; on doit toujours se méfier de ce besoin qui rend l'attente du repas pénible et qui suggère l'impatience et la mauvaise humeur. La soif est encore un motif de se tenir sur ses gardes.

La difficulté de satisfaire ce besoin pressant d'alimentation serait grande, elle serait même parfois insurmontable, si nous n'avions à notre disposition un médicament qui agit sur tous les tissus de l'estomac et dont l'action s'exerce de préférence sur le tissu spécialement affecté. Ce médicament est l'opium. Étudier ses effets dans les affections des voies digestives, tel est le but que je me suis proposé dans la dernière partie de ce mémoire.

A moins de l'avoir éprouvé, il n'est personne qui puisse concevoir la promptitude du soulagement qui survient après l'ingestion de l'opium. A la tristesse succède l'hilarité ; à la lassitude, la légèreté dans les membres ; à la plénitude , un sentiment de bien-être dans toutes les fonctions. Enfin les douleurs qui se faisaient sentir dans l'épigastre se taisent et un bien-être ineffable succède promptement aux malaises précédemment éprouvés.

Il est des individus, en bien petit nombre, il est vrai , dont l'organisme sympathise difficilement avec l'opium; mais cette antipathie est bientôt surmontée , en employant de petites doses , deux à trois centigrammes, par exemple, répétés suivant le besoin. On peut augmenter la dose chaque jour, en ayant soin de s'arrêter en temps convenable, afin d'éviter un narcotisme qui toutefois est rarement dangereux, surtout quand la douleur se fait sentir quelque part.

L'emploi de l'opium dans la gastralgie veut être continué jusqu'au retour d'un état meilleur, et il veut l'être d'autant plus longtemps , que le malade s'abandonnera davantage à son appétit. De hautes doses deviendront d'autant plus nécessaires, que l'on aura eu plus souvent recours à ce moyen, pour faire cesser les malaises qui succèdent à des digestions laborieuses, malaises qui ne sont pas toujours la conséquence de repas trop copieux. Dans ce cas, tout est relatif à la gravité, à la durée de la maladie et aux dispositions du moment.

Le ballonnement de l'estomac produit par des gaz sans saveur, comme par des retours brûlants et acides, disparaît sous son influence, avec ou sans le secours du bi-carbonate de soude ou de la magnésie calcinée. Le vomissement des aliments qui ne cède pas à une hygiène éclairée réclame également l'emploi de l'opium.

Il en est de même du vomissement noir, symptômatique d'un ulcère simple de l'estomac ou d'une affection cancéreuse du même organe. L'opium les fait cesser ainsi que les angoisses affreuses qui l'accompagnent. Lorsque l'abstinence des aliments est complète, le calme est ordinairement si parfait, que le malade se croit en voie de guérison, heureux si, croyant aux prévisions du médecin, il ne multiplie pas trop les essais d'alimentation. Dans ce cas, en effet, le malade ne peut supporter autre chose que le régime lacté et si la guérison est impossible, au moins la mort survient sans douleur ; la vie s'éteint tranquillement, sans angoisses, sans violence.

La constipation et l'accumulation de gaz intestinaux se dissipent également par l'usage de l'opium à petites doses. Cette assertion est bien contradictoire de l'opinion généralement reçue ; cependant, si l'on réfléchit que les Asiatiques, qui font un si grand usage des opiacés, ne connaissent pas certains instruments domestiques d'un usage si commun parmi nous, on reconnaîtra qu'elle n'est point erronée. Les purgatifs sont parfois utiles en cette circonstance, pour aider à la vitalité des tuniques intestinales à qui une longue inaction a fait perdre une partie de leur tonicité et de leur ressort.

La diarrhée est un accident beaucoup plus fréquent que le précédent. En ce cas, l'irritation se calme par l'évacuation qui la suit et l'opium ne doit être employé que lorsque la quantité et la fréquence des selles menacent sérieusement la nutrition de l'individu.

Aucun accident n'exige plus promptement l'emploi de l'opium et à de plus fortes doses que les douleurs intestinales appelées coliques. En général, on ne saurait commencer par une dose moindre d'un décigramme répétée plus ou moins souvent, suivant la violence des douleurs ou l'effet obtenu.

Chez un homme de trente ans, chez lequel la douleur était telle, que pendant les accès il se roulait sur le plancher, en jetant des cris affreux, j'en ai prescrit jusqu'à cinq décigrammes en douze heures. Ce ne fut que lorsqu'il eut avalé cette dose que les coliques furent vaincues. Il survint d'épaisses et abondantes évacuations qui mirent fin à ses tortures.

Une femme de cinquante ans éprouvait, depuis vingt-quatre heures, des coliques violentes et des vomissements incessants, d'abord de matières alimentaires, puis de matières bilieuses et enfin de matières stercorales. Lorsque j'arrivai auprès d'elle, la peau était froide, recouverte d'une sueur visqueuse, le pouls précipité, filiforme, la figure angoissée, la respiration suspirieuse; le ventre était tendu, ballonné, douloureux. Je diagnostiquai un étranglement interne et portai un pronostic naturellement déduit du diagnostic lui-même: 12 sangsues sur le ventre, lavements purgatifs, frictions sur l'abdomen avec la pommade napolitaine belladonée; 50 centigrammes d'extrait gommeux d'opium en cinq pilules, une toutes les heures, tel fut le traitement institué. Dès la quatrième pilule, des borborygmes se firent sentir; des évacuations abondantes eurent lieu par le bas; le ventre s'affaissa, la douleur disparut, les vomissements s'arrêtèrent. Le soir même la guérison était complète. Elle ne s'est pas démentie depuis cette époque.

Toutes les autres affections des organes digestifs, ainsi que Sydenham l'avait déjà remarqué, trouvent un prompt soulagement dans l'usage de l'opium. Il n'est, en effet, aucune dyssenterie grave, aucun cas de choléra, quelle qu'en soit la forme, qui n'en réclame impérieusement l'usage en même temps que celui des autres moyens habituellement employés contre ces affections.

L'irritation des organes digestifs, lorsqu'elle date de longtemps, excite la sympathie des autres viscères qui s'irritent à leur tour; de là naissent des complications plus ou móins fâcheuses. Bien plus, l'accumulation du sang dans les veines mésaraïques se propage de proche en proche, et cet afflux du fluide sanguin aggrave encore l'effet des sympathies. Ainsi, une lésion plus ou moins grave du cœur, peut être la conséquence des maladies choniques des organes de la digestion. Mais cela ne modifie en rien le traitement et outre les autres moyens suggérés par les symptômes prédominants, l'opium doit être employé et trompe rarement le médecin.

C'est qu'en effet, deux ou trois heures après son ingestion, il survient un bien-être général, un sentiment de légèreté qui résulte du parfait équilibre de toutes les fonctions. Les vaisseaux précédemment engorgés reprennent leur élasticité. La circulation devient facile dans les gros troncs vasculaires, comme dans leurs plus petites ramifications. Les angoisses produites par l'obstacle que le cours du sang rencontrait dans l'organe central de la circulation cessent à l'instant même.

Combien son emploi n'est-il pas nécessaire chez les vieillards affaiblis par les excès ou épuisés par l'effet d'une alimentation insuffisante? Par suite de la stimulation énergique imprimée à tout l'appareil circulatoire, il fait cesser, chez eux, l'engorgement pâteux des tissus, le froid qui s'y fait sentir, la perte des forces et de l'appétit, et prévient ainsi la mortification spontanée.

Dans quelques cas, il est convenable, avant de l'administrer, de faire vomir les malades. En effet, les efforts de vomissement en éveillant la contractilité de tissu, permettent l'abord du sang dans les solides où le défaut de cette propriété vitale l'empêchait d'arriver.

L'opium excite l'expansibilité au plus haut point et quand il a cessé d'agir, la contractilité n'est souvent pas suffisante pour suppléer à son action. De là cet état d'angoisse qui suit la privation, lorsque l'usage est habituel.

Les organes digestifs reçoivent de l'opium une impression aussi fugitive qu'elle est prompte et la transmettent sympathiquement de la même manière ; ainsi l'enchifrènement, la raucité de la voix, la rougeur des conjonctives, la démangeaison de la peau, succèdent immédiatement à l'ingestion de cette substance.

Une circonstance digne d'être notée, est la suppression momentanée de la sécrétion biliaire. Ainsi les premières évacuation alvines qui succèdent à son emploi, sont suivies d'un ténesme très-douloureux à l'anus et les fèces dont l'excrétion devient par cela même assez douloureuse, présentent un état de décoloration remarquable et semblable à celle qu'on observe chez les individus atteints d'une affection organique du foie.

L'action de l'opium se fait sentir d'une manière spéciale sur la moelle épinière, aussi son usage est-il suivi d'une douleur plus ou moins vive dans la colonne vertébrale.

Il exerce également une action très-prononcée sur le système musculaire ; de là peut-être son peu d'utilité dans le tétanos, à moins qu'on ne l'élève, comme en Amérique, à la dose fabuleuse de 7 grammes. En effet, peu d'heures après qu'il a été ingéré, on éprouve une force insolite et une singulière aptitude à supporter la fatigue.

L'effet de l'opium se termine souvent par un éternûment plus ou moins répété ; singulière analogie entre le début de la rougeole et la terminaison du narcotisme.

L'opium semble agir d'une manière contradictoire sur les voies urinaires. A hautes doses, l'urine devient rouge et rare. Il faut des efforts considérables pour l'expulser, tandis que souvent une dose moindre est suivie d'une espèce de flux urinaire. Il en est de même du sommeil, une haute dose l'éloigne pour un temps plus ou moins long.

Il est peu d'individus chez lesquels la tolérance de ce médicament ne puisse s'établir, en agissant avec prudence et en procédant par gradations. Il est aussi peu de maladies qu'il ne soulage, s'il ne peut les guérir.

Il rétablit l'équilibre des forces vitales et ce n'est pas là le moindre de ses effets comme médicament.

C'est pourquoi, toutes les fois qu'une douleur vive se fait sentir depuis quelque temps, après les maladies de longue durée, dans les affections organiques, lorsque plusieurs fonctions sont languissantes, son usage produit toujours un soulagement plus ou moins durable.

Si l'opium trouble la digestion dans l'état sain, il la rétablit le plus souvent dans l'état morbide. S'il produit la constipation dans l'état naturel, il la fait cesser dans l'état pathologique.

La bronchite complique bien souvent l'irritation des voies digestives et dans bien des cas on ne saurait dire quelle est celle des deux qui prédomine. L'opium rend, dans ce cas, de très-grands services. Il exerce, en effet, une action spéciale sur la muqueuse bronchique, dont il facilite la sécrétion et la tarit tout à la fois. Cet effet, en apparence contradictoire, ne peut être expliqué que par la théorie de Brown : *Opium me herclè non sedat.*

Il exerce sur les bronches une action directement stimulante, de manière, que lorsque cette partie de l'appareil respiratoire se trouve enflammée, on doit s'abstenir de ce médicament. C'est pourquoi l'opium, nuisible dans le début des affections pulmonaires, est de la plus grande utilité dans leur déclin et dans l'état chronique. A la fin de la pneumonie, dans la phthisie, dans les affections catarrhales de longue durée, l'opium facilite l'expectoration en en diminuant l'abondance.

On peut même assurer que l'opium se trouve indiqué toutes les fois qu'il existe une intermittence ou une rémittence marquée, évidente, des accidents quels qu'ils soient.

Un homme d'une constitution athlétique, âgé de 50 ans, étant dans un état complet d'ivresse, passa une des froides nuits du mois de décembre, couché sur les bords d'un chemin, n'ayant d'autre abri que ses vêtements. Deux jours après, je fus appelé et constatai une pneumonie du côté droit. Saignée, potion Rasorienne, vésicatoire sur le côté malade, boissons sudorifiques, tel fut le traitement institué. L'affection n'en fut en aucune manière amendée et pendant plusieurs nuits consécutives le malade fut en proie à un délire furieux. Le jour venu, un peu de calme se manifestait. Cette rémittence ne me paraissant point de celles qui réclament le sulfate de quinine, je crus devoir essayer l'opium, soit à cause de ses propriétés anti-périodiques, soit en ayant égard aux habitudes peu régulières du malade.

Une potion avec 40 centigrammes d'extrait gommeux thébaïque fut administrée. La nuit suivante, le délire ne reparut pas. Une sueur inondante survint et fut le signal d'un prompt rétablissement.

Le bien-être indéfinissable qui succède à la cessation de la souffrance, ne consiste pas seulement dans le calme dont jouit le malheureux qui vient d'échapper

3

à la torture; c'est une sensation de délices dans toute l'organisation, un bonheur, qui rendent bien croyable l'attrait que les Orientaux trouvent dans son usage et expliquent la répugnance invincible qu'ils éprouvent à s'en priver, malgré les horribles suites que l'abus et l'excès peuvent entraîner.

Mais le triste état des fumeurs d'opium ne doit pas plus nous effrayer, relativement à l'emploi de ce médicament, que l'état non moins déplorable des individus atteints de delirium tremens, ne doit être une cause de proscription absolue pour l'usage des boissons fermentées.

Ne quid nimis. Cet aphorisme aussi ancien que l'espèce humaine, banal à force de vérité, trouve, en thérapeuthique, une application aussi rationnelle qu'en hygiène.

Ce médicament, véritable don du ciel, comme dit Sydenham, trésor de la médecine, consolateur de nos souffrances, brillant éclair qui illumine l'imagination, est d'autant plus précieux, qu'il laisse un assez long souvenir de sa bienfaisante influence; et il est bien étonnant que les éloges donnés par l'illustre observateur anglais à cette héroïque substance, ne soient pas gravés dans la mémoire des médecins de tous les âges.

Nous ne saurions donc mieux terminer ces réflexions qu'en citant le passage suivant de sa relation de l'épidémie de dyssenterie de **1669** :

« Et profectò non mihi tempore quin gratulabundus
« animadvertam, Deum omnipotentem, non alliud re-
« medium, quod vel pluribus malis debellandis par sit,
« vel eodem efficatiùs extirpet, humano generi, in mi-
« seriarum solamen concessisse quàm sunt opiata. Ita
« necessarium est in hominis periti manu organum
« jam laudatum medicamentum ut sine illo inanis sit
« aut claudicet medicina. Qui vero eodem instructus
« fuerit, majora prestabit quam quis ab uno remedio
« facilè speraverit. »

(SYDENHAM. Dyssenteria, anno 1669, p. 13).

CHAPITRE II.

L'étude des auteurs anciens présente un intérêt qui a sa source non-seulement dans l'initiation aux pensées, aux mœurs, aux habitudes des générations qui nous ont précédées, mais encore dans la révélation d'un certain nombre de faits d'application, de vérités pratiques dont l'élaboration n'a pu être que le résultat d'une longue série de travaux et de méditations.

Semblables, sous le rapport de leur naissance et de leur perfectionnement, aux êtres qui font partie des règnes végétal et animal, les inventions humaines et les procédés scientifiques ont besoin, pour se développer, de l'évolution des organes existant ; puis, à de certaines et solennelles époques, de la création d'organes nouveaux qui, se substituant aux anciens moyens, transforment rapidement les procédés et les inventions, comme ils transforment l'organisme tout entier des êtres doués de la vie ; c'est-à-dire, pour me servir du langage de M. Victor Meunier, dans l'*Ami des sciences*, que tout développement s'opère par gradations lentes et continues, et d'autre part, par ces mouvements subits auxquels on donne le nom de révolution.

Sans sortir du domaine des sciences médicales, n'est-il pas vrai que plusieurs découvertes dont le mérite est attribué aux auteurs modernes existaient, à l'état de germe, dans différents ouvrages anciens? C'est ainsi que les recherches de M. Andral sur les écrits de Galien y ont fait entrevoir les rudiments de la glycogénie. C'est ainsi que les belles études de M. Pétrequin sur les traités hypocratiques lui ont fait découvrir tout un arsenal instrumental, jouissant d'une origine réputée toute récente. Une série de résultats analogues n'a-t-elle pas été mise au jour par M. Malgaigne dans ses recherches historiques sur Ambroise Paré ? Enfin l'auscultation elle-même que le génie de Laennec a découverte et vulgarisée, il y a trente ans, n'était-elle pas déposée à l'état de germe, dans les écrits médicaux les plus reculés ?

C'est donc avec raison qu'on peut appliquer aux inventions humaines et aux procédés scientifiques cette loi que M. Isidore-Geoffroy de Saint-Hilaire appelle, dans l'ordre des phénomènes physiologiques, loi de rénovation des organismes. Si la larve devient chrysalide, celle-ci papillon, ces trois formes si diverses n'en constituent pas moins un seul et même être pris à des époques successives de son développement. Cette loi qui domine les êtres de la nature, régit aussi la marche de l'esprit humain. Elle règne sur les organismes industriels et médicaux, comme sur les organismes physiologiques.

Tous les procédés, toutes les inventions, avant d'arriver à leur état complet de développement, ont donc dû passer par l'état de larve et de chrysalide ; et il ne serait pas sans intérêt, prenant pour point de départ d'une revue rétrospective, l'état actuel des sciences et de leurs admirables applications, de remonter, à travers les siècles, jusqu'au germe qui, pour éclore, a eu besoin de l'incubation de plusieurs générations de travailleurs.

Les faits que je me propose de faire connaître dans ce mémoire ne présentent pas, à beaucoup près, un degré d'intérêt aussi élevé ; cependant ils n'en sont point dépourvus. Sans avoir la prétention de suivre les maîtres de la science dont je viens de signaler les travaux, sur un terrain qu'ils ont si savamment exploré, je ne désespère pas de provoquer l'attention des lecteurs de la *Gazette médicale*, sur un homme calomnié par ses contemporains, oublié et outragé par les médecins des âges suivants, et dont le nom n'est généralement connu aujourd'hui que par la dénomination classique de l'arrêt de développement faisant communiquer entre elles, chez le fœtus, les deux oreillettes du cœur, dénomination à laquelle les plaisanteries elles-mêmes n'ont pas été épargnées.

A part le fait anatomique désigné par le mot : *Trou de Botalli*, on ignore généralement les travaux de Léonard Botalli, le laborieux disciple de Fallope qui, après avoir exercé la médecine dans la ville d'Asti, en Piémont, son pays natal, devint médecin du duc d'Alençon, quatrième fils de Henri II, et plus tard le médecin du roi Henri III lui-même.

On l'a dit avec raison : la médecine est aussi ancienne que le monde. La maladie et la souffrance ont été de tout temps ; aussi l'homme a recherché les moyens propres à neutraliser les atteintes de cet implacable ennemi attaché à ses flancs.

Malgré cette ancienneté de la médecine, le nombre des hommes dont le nom se recommande à la postérité est encore bien restreint, et la mémoire de beaucoup d'entre ceux qui ont bien mérité de leurs semblables est restée ensevelie dans la poussière de l'oubli.

Presque dès le berceau de l'art, la théorie a voulu devancer la marche de l'expérience, et la thérapeutique, toujours hasardeuse, est demeurée dénuée de principes solidement établis.

A la fin du XVIe siècle, le galénisme, ébranlé par les fougueuses déclamations de Paracelse et de Van-Helmont, perdit de son crédit. L'esprit humain se dégagea des entraves dont la philosophie scolastique l'avait enlacé et commença à marcher dans des voies nouvelles.

Prosper Alpin et Baillou, invoquant l'autorité des faits, tentèrent de les accorder avec les préceptes des anciens; mais ils n'eurent pas la force de secouer le joug d'une autorité que le temps avait rendue sacrée. Ils entrevirent la lumière ; mais ils manquèrent de l'énergie nécessaire pour enlever le boisseau qui la couvrait.

C'est au milieu de ces hésitations de ses contemporains que Léonard Botalli proclama l'efficacité d'une nouvelle médication. Il reconnut que l'afflux du sang dans les divers tissus de l'économie animale, est la cause d'un grand nombre de maladies, que par conséquent, le remède si bien approprié, avant lui, au traitement de la pleurésie et de la pneumonie, est convenable dans les autres maladies par *intempérie chaude* (pour me servir de son langage), quel qu'en soit le siége.

En conformant sa pratique à ses principes, il obtint des succès éclatants, qui eurent pour témoins les médecins les plus recommandables de son temps et les personnages les plus illustres. Les hommes qui font le sujet de ses observations appartiennent aux classes les plus élevées de la société, et son livre fut publié de leur vivant.

La théorie de laquelle ses principes sont déduits, appartient au XVIe siècle; mais elle est tellement modifiée par le sens droit de l'auteur, que l'observation ne la contredit point et que de légers changements dans les mots la rendraient conforme aux théories des modernes.

Cela est surtout remarquable dans le chapitre IV de son livre : *De Curatione per sanguinis missionem*, chapitre que j'ai surtout en vue de faire connaître ; si, en effet, on remplace le mot intempérie chaude par celui d'inflammation, on le croirait composé depuis peu d'années; on se croirait transporté à un siècle et demi plus tard, à 1816, époque de la publication du *Traité des phlegmasies chroniques*.

La doctrine du médecin d'Asti n'eût point paru extraordinaire il y a trente ans. Aujourd'hui très-peu de médecins oseraient se conformer à ses déductions pratiques. L'emploi des évacuants a toujours paru bien moins dangereux : le sang est un fluide nécessaire qui ne saurait être assez ménagé. Les matières des déjections sont, au contraire, regardées comme étrangères et nuisibles à l'économie. De là la nécessité de les évacuer. D'ailleurs, on voit mourir l'homme et les animaux par l'effet immédiat d'une hémorrhagie, et l'on n'est pas témoin de semblables catastrophes à la suite de l'évacuation des autres fluides, quelque abondante qu'elle soit.

Il a donc fallu un courage peu commun et une conviction profonde, pour que le médecin d'Asti portât sa doctrine à ses conséquences extrêmes, et il assure lui-même que, bien qu'on lui reproche d'être trop téméraire dans l'emploi de la saignée, il s'est trouvé plus timide que ne l'ont exigé les circonstances. « Et quod « in mittendo sanguine, licet aliis medicis essem au- « dacior, timidior tamen eram ; ac forte etiam non « sum quàm pro medicina recta facienda sit opus mi- « serè peream, nisi me timidum esse et credam et « recognoscam rursus me nunquàm pecasse in nimio ; « dubius aliquando deliquisse in pauco. » (Page 92, édit. Lugdun.).

Botalli fut affermi dans ses convictions par les éclatants succès qu'il obtint, et, pour se justifier à ses propres yeux de la hardiesse, de l'étrangeté de sa pratique, il remarque que les malades sont d'autant plus promptement guéris, qu'ils ont été plus largement saignés. « Imo hi celerius in pristinam valetudinem redibant, quibus largiùs fuisset missus. » Ibidem, page 47.

Les évacuations sanguines abondantes sont surtout nécessaires dans le traitement des maladies inflammatoires de la tête et de la poitrine ; mais si, dans le traitement des affections du ventre, elles doivent être rarement aussi copieuses, il n'en est pas moins vrai qu'elles sont très-souvent indiquées.

Dans le traitement de la dyssenterie inflammatoire, elles m'ont rendu de véritables services dans les cas que je ferai connaître à la fin de ce mémoire, et l'emploi de ce moyen curatif m'a paru vraiment précieux, au début de cette forme de la dyssenterie, soit qu'on désemplisse le système capillaire et le système abdominal par l'application de sangsues à l'anus, soit que la violence de l'inflammation et des douleurs décide le praticien à employer d'emblée la phlébotomie.

En citant des cas de dyssenterie dans lesquels les évacuations sanguines m'ont été utiles, je n'ai pas l'intention de préconiser ce mode de traitement comme moyen exclusif; je n'ai que celle de faire connaître les services qu'il m'a rendus, aidé des autres médications usitées en pareilles circonstances.

Tout en m'effrayant de l'énergique persévérance avec laquelle Botalli a employé la saignée dans le traitement de la dyssenterie, je fais ressortir les avantages de cette méthode rationnellement limitée. Je m'appliquerais volontiers le jeu de mots plaisant que le médecin Duret fit sur lui-même : A côté de son confrère Botalli, il était un fort petit SAIGNEUR (*Histoire de la médecine*, par Sprengel, tome III, page 215).

Du reste, une étude de cette nature ne me semble pas hors de propos, en présence de l'hématophobie contemporaine ; et pour ce qui concerne la dyssenterie inflammatoire, je considère comme très-opportune la proposition de sujet de prix, qui termine le spirituel feuilleton de la *Gazette médicale de Lyon*, du **16** décembre **1858**, proposition qui est conçue ainsi : « *Qu'y a-t-il de rationnel, qu'y a-t-il d'utile dans la tendance générale qui conduit aujourd'hui la plupart des médecins à supprimer les émissions sanguines du traitement de la plupart des maladies aiguës ?* » Je n'hésite pas à considérer cette tendance comme un fâcheux résultat d'une réaction exagérée contre une doctrine qui a eu le tort d'être exagérée elle-même, mais dont les traces glorieuses ne sauraient être effacées ni de la science ni de la pratique. Ce que vient de démontrer, dans son substantiel et remarquable travail sur la pneumonie, mon excellent ami le docteur Rambaud, je m'efforçai de le faire de mon mieux, pour la dyssenterie, savoir : l'opportunité des émissions sanguines.

La saignée est convenable dans les flux du ventre.

Si vous voulez tirer du sang à un malade, dit Hippocrate (*De victùs ratione in morbis acutis*, lib. 4), il faut auparavant raffermir le ventre et ensuite pratiquer la saignée. Galien ajoute à ce passage : *Coment.*

in libr. de victûs rationem in morbis acutis, cap. 116) « Il ne faut pas évacuer du sang, quand il existe un cours de ventre, car si le flux persiste après l'évacuation sanguine, les forces en sont abattues. » Galien confirme de nouveau cette doctrine d'Hyppocrate (*De arte curandi ad Glauconem*, liber I, caput. 15), en ces termes : « Lorsque la fièvre survient avec « un flux de ventre, il n'est pas besoin de pro- « curer d'autres évacuations ; car l'évacuation na- « turelle est suffisante, même lorsqu'elle n'est pas « en rapport avec l'état de plénitude. Tous ceux qui, « étant persuadés que des évacuations plus abondan- « tes étaient nécessaires, ont osé tirer du sang ou « exciter des déjections, ont mis le malade dans le « plus grand danger. »

« Certes, cette sentence, reprend Botalli, est d'un aussi grand intérêt qu'aucune autre de celles admises en médecine; car le flux de ventre survient dans tous les âges, dans toutes les saisons et dans tous les pays. Tantôt il constitue lui-même une maladie et tantôt il complique une autre affection. Lorsque le flux de ventre peut être considéré comme une maladie essentielle, il use bientôt les forces vitales; mais la faiblesse survient encore plus vite, quand il est joint à une autre affection. C'est pourquoi il est évident que la vie ou la mort d'un grand nombre d'individus dépendent de la vérité ou de la fausseté de la proposition avancée par

Galien. C'est ce qui m'engage à approfondir la discussion à ce sujet.

« Vraiment, lorsque je considère le génie et la sagacité de Galien, je ne puis assez m'étonner de sa méprise et de ce qu'il s'est tellement éloigné de la vérité en ce point, lui qui a traité si savamment de toutes les maladies et qui a si bien démontré les erreurs des anciens relativement aux maladies causées par l'intempérie des humeurs. Lecteurs équitables, je vous prie de peser le peu que je vais vous dire, sans aigreur et sans autre passion que l'amour de la vérité : Qui osera dire que les intestins sont d'une autre structure que l'estomac dont ils sont la continuation? Or, si l'estomac, comme Galien l'a démontré très au long et très-savamment (*Methodus medicus*, liber VII), est sujet à toutes les intempéries des humeurs, pourquoi veut-il qu'il n'en soit pas de même des intestins? Car il n'est pas de raison pour qu'ils jouissent d'une exception qui est refusée aux autres organes.

« Le cerveau, le cœur, le foie, l'estomac, la rate, la matrice, la vessie, enfin toutes les parties du corps sont affectées par l'intempérie des humeurs tantôt chaude ou froide, tantôt humide ou sèche, tantôt compliquée de plusieurs de ces changements : et les intestins demeureraient intacts et inviolables ? Ce serait certainement se montrer stupide que de le croire, et Galien n'a pas pu se faire illusion là-dessus, quoiqu'il se soit si lourdement trompé, cette fois, en voulant suivre Hippocrate. Or, si les intestins sont soumis aux mêmes causes de maladies que les autres organes, il s'ensuit qu'ils éprouveront les mêmes accidents qui doivent accompagner chaque affection particulière. Mais parmi les symptômes des maladies, le dérangement des fonctions est le plus commun de tous. Quelles sont donc les fonctions des intestins? Elles sont très-variées ainsi que celles des autres organes. C'est d'attirer et de retenir, d'assimiler et d'expulser. Il est impossible que toutes les fonctions ne soient pas lésées, toutes les fois qu'une intempérie quelconque agit sur les intestins, avec plus ou moins d'intensité, suivant la gravité de l'altération des humeurs; et tantôt l'une sera plus altérée, tandis que l'autre le sera moins.

« C'est pourquoi si la faculté que possède le tube intestinal de retenir les fluides est diminuée par l'effet de l'intempérie chaude (ce qui est plus fréquent que la cause contraire), qui empêche de remédier à cette affection, par l'évacuation sanguine, comme nous remédions aux maladies produites par la même cause, en d'autres parties du corps? Les intestins manquent-ils de veines ouvertes au cours précipité des humeurs? Le flux de ces humeurs ne les rend-il pas sujets à l'intempérie chaude, aux ulcères, à la mortification? Ne sont-ils pas parsemés d'ulcérations douloureuses et brûlantes dans la dyssenterie, et cette maladie ne fait elle pas éprouver des coliques violentes ?

« Mais quoiqu'il paraisse bien démontré maintenant que la phlébotomie a été bien injustement proscrite par Galien dans le traitement du flux du ventre, nous ne refuserons pas encore, quelque dangereux que cela paraisse, de répondre à l'argument par lequel il croit avoir solidement établi son opinion; c'est-à-dire que si le flux de ventre n'est pas arrêté par l'évacuation sanguine ou la purgation, les forces du corps en sont abattues. Vraiment il ne peut pas être mis en question que la continuité du flux du ventre n'épuise les forces vitales, surtout si la saignée ou la purgation ont été employées mal à propos; mais je le demande, un semblable effet est-il particulier à cette maladie ? La fièvre ne le produit-elle pas ? N'en est-il pas de même d'une douleur violente en quelle partie qu'elle soit ? Non, direz-vous, les forces ne sont pas aussi facilement épuisées dans les circonstances où il ne se déclare aucune évacuation considérable, que dans le flux du ventre. Mais pourquoi donc, lorsqu'on veut arrêter une hémorrhagie par les narines, la matrice, les hémorrhoïdes, le poumon, l'estomac ou enfin par quelque partie que ce soit, la saignée est-elle ordonnée par tous les médecins ? A quoi vous répondrez encore qu'il s'agit seulement, dans tous ces cas, de la saignée révulsive, au moyen de laquelle une petite quantité de sang est évacuée, de manière à ouvrir à ce fluide une voie du côté opposé à celui où il coule, afin qu'il cesse de se diriger vers l'organe où il se portait d'abord.

« C'est pour cette raison aussi, disons-nous, que l'on doit saigner aux veines du bras, dans les flux de ventre excités par l'intempérie chaude, car elle est toujours accompagnée d'un flux d'humeurs qui, par ce moyen, sont détournées vers une autre issue ; et une portion étant évacuée, le reste cesse de se précipiter sur les intestins et de les engorger ainsi que cela avait commencé d'avoir lieu. Ainsi le flux d'humeurs étant en partie dirigé vers un autre point, il faut nécessairement que l'intempérie par laquelle la dyssenterie était occasionnée, devienne moins active. La diminution de cette cause de maladie entraîne nécessairement la diminution de ses effets, c'est-à-dire que la quantité des déjections alvines superflues devient moindre.

« Mais il me semble que c'est assez employer l'efficacité des raisonnements, pour combattre nos adversaires ; et si nous parvenons à confirmer nos arguments par des observations heureuses et des expériences méthodiques, nous pourrons croire avoir retiré le prix de notre travail, dans cette entreprise, puisque les médecins qui adoptent l'usage du raisonnement, se dirigent plutôt par conjecture et probabilité que par l'évidence.

« C'est pourquoi des exemples de guérison dus à

l'emploi des moyens rationnels et non pas au hasard, confirmeront bien mieux notre doctrine qu'une longue et verbeuse démonstration.

« C'est un axiome reçu en logique que pour détruire une proposition générale, il suffit de lui opposer un seul fait qui ne peut s'accorder avec elle. Mais nous ne nous contenterons pas d'en agir ainsi, et nous allons rapporter plusieurs observations à l'appui de notre opinion, non pas seulement dans le dessein de démontrer combien est fausse la proposition générale avancée par Hippocrate et Galien; mais afin de relever plus aisément, par la multitude des exemples, le courage d'un grand nombre de médecins trop craintifs.

« Je commencerai le récit de mes observations par les plus anciennes qui ne sont pas les moins concluantes.

« La fièvre et la dyssenterie tourmentaient depuis un mois le maréchal de Brissac. Il rendait des matières bilieuses, sanglantes, semblables à des râclures de boyaux, avec efforts et une douleur violente. Les médecins avaient peu d'espérance de le voir échapper à la mort et les assistants n'en conservaient aucune. Il fut tellement soulagé par l'évacuation de six onces de sang tirées de la basilique droite, (moyen proposé par moi et auquel consentirent Jean Chapelain et Honoré Duchastel, hommes célèbres alors et médecins du roi et de la reine (1), mais désapprouvés par beaucoup d'autres), qu'avec le secours de Dieu, toujours préférable aux remèdes humains, ceux mêmes qui s'étaient opposés à mon avis jugèrent que cette saignée avait sauvé le malade. Le même jour, les accidents qui n'avaient auparavant éprouvé qu'une rémission, commencèrent évidemment à diminuer d'intensité et bientôt le malade fut rétabli dans son état de santé ordinaire.

« La femme de Troilase, chambellan du roi, était affectée de la même maladie à laquelle était jointe une tumeur de la rate. On tira dix onces de sang de la veine céphalique, avec un succès admirable, puisque le rétablissement fut complet.

« La fièvre et le ténesme tourmentaient cruellement, depuis trois jours, Castelneau, chevalier d'un ordre royal. Le quatrième jour on lui tira douze onces de sang. La maladie en fut tellement diminuée, que le lendemain tous les accidents avaient disparu.

« Reinier-Foquet était dangereusement malade par suite d'une dyssenterie sanguinolente avec fièvre. Il en était épuisé et presque anéanti, et il m'envoya chercher le vingtième jour environ, depuis l'invasion de la maladie. Comme on l'avait purgé plusieurs fois et inutilement avec la rhubarbe, je lui fis sur le champ

(1) Morts au siége de Saint-Jean-d'Angély, en 1669, d'une fièvre pestilentielle décrite par de Thou.

tirer dix onces de sang, ce qui fut fortement blâmé, soit devant le public, soit devant les parents du malade, par le médecin qui l'avait soigné précédemment et qui ne conservait plus aucun espoir. Il en résulta un soulagement si prompt que le malade, son frère et sa garde se livrèrent à un espoir de guérison qui les avait complètement abandonné. Deux jours après, comme la dyssenterie n'avait pas entièrement cessé, les forces étant cependant plus apparentes, nous prescrivîmes une purgation avec le séné et le sirop de roses pâles; ce qui enleva le reste de la maladie.

« La maladie d'un aide de cuisine de M. du Saulx fut moins longue, mais tout aussi dangereuse. Cet homme avait d'abord été pris d'une fièvre très-violente et le lendemain la dyssenterie survint, la fièvre n'éprouvant pas de rémission. Ayant été appelé auprès de lui sur le soir, je craignis que la chute des forces n'accrût beaucoup le danger, si je différais jusqu'au jour suivant d'employer le remède indiqué et sur lequel je comptais. En conséquence je lui fis tirer sur le champ environ quinze onces de sang de la basilique droite, et par ce moyen il passa la nuit plus tranquillement. Le lendemain la fièvre et la dyssenterie avaient cessé. Ce malade était jeune, robuste, sanguin; ses veines étaient bien marquées et il était du nombre de ces jeunes gens qui, à toutes les heures du jour, boivent du vin pur en abondance.

« Le même remède fut trouvé admirablement utile à M. des Essarts, qui était parvenu au dernier degré de maigreur par l'effet d'une longue et forte fièvre jointe à un flux de ventre tantôt lientérique, tantôt dyssentérique, tantôt d'une autre espèce et tantôt mélangé. Lorsqu'on eut réclamé mon concours, un des médecins qui l'avaient soigné me raconta toute l'histoire de la maladie. Il m'annonça qu'il conservait peu d'espoir, et cette opinion, disait-il, était partagée par son collègue, parce que tous les secours de l'art avaient été inutilement prodigués à ce malade. De fréquentes purgations avec la rhubarbe avaient été employées (car ce remède paraît à beaucoup de médecins le seul moyen de salut dans cette maladie), et tous les autres, tels que les diurétiques, les astringents, les fomentations, les liniments paraissent inutiles, quand celui-ci n'a pas réussi.

« Comme, dans l'énumération des remèdes, il n'était pas fait mention de l'emploi de la saignée qui, certainement doit tenir le premier rang, je la proposai. Aussitôt, l'un des médecins ordinaires du malade, étonné de l'étrangeté du remède, m'opposa aussitôt le flux de ventre, le dégoût des aliments, la faiblesse, l'extrême maigreur, la fièvre lente et l'état presque désespéré de l'individu. Puisque chacun de ces symptômes isolés excluait l'usage de l'évacuation sanguine, combien, disait-il, la contre-indication était plus grande lorsqu'on les voyait tous réunis dans un corps extrêmement épuisé; et d'ailleurs l'autre médecin aurait bien de la peine à se ranger à mon avis.

« Après avoir entendu ses objections, je lui opposai les raisons qui pouvaient les combattre, et, sans plus contester, il parut acquiescer à ce que je lui disais. En notre présence, on évacua de la basilique environ neuf onces d'un sang très-corrompu; comme nous étions à l'armée qui faisait le siége de la Rochelle (1), et que je ne pouvais voir le malade que très-rarement à cause de l'éloignement des lieux où il se trouvait, je le prévins qu'une si grande intempérie des viscères et de tout le corps, ainsi que la corruption du sang qui était aussi excessive pouvaient bien être diminuées au moyen de cette première évacuation sanguine, mais non entièrement détruites ou anéanties. Il me paraissait donc nécessaire de la pratiquer de nouveau dans quatre ou six jours, sur l'autre bras, et d'y revenir encore au bout de huit ou dix jours, en tirant le sang du bras droit, si la première ou la seconde saignée avait procuré du soulagement. Le malade obéit à mon ordonnance, malgré l'opposition des médecins qui l'avaient soigné avant moi, se trouvant puissamment encouragé par l'amélioration qui était résultée de la première sai-

(1) Cette ville était défendue par Lanoue et assiégée par le duc d'Anjou, qui se retira en apprenant qu'il avait été élu roi de Pologne.

gnée. Ainsi, après un petit nombre de jours, il fut entièrement rétabli.

« Les mêmes accidents, c'est-à-dire la fièvre et le flux de ventre, par leur ancienneté et leur violence, n'avaient laissé que la peau et les os au domestique du colonel Missard. Nous rendîmes la santé à cet homme en lui tirant vingt-quatre onces de sang en trois fois, et en lui donnant ensuite deux purgations composées de séné et de sirop de roses pâles.

« Un flux de ventre très-pénible, tantôt simplement diarrhéique, tantôt lientérique et joint à un sinoque putride, depuis dix jours, tourmentait d'une manière terrible, mon collègue des Ratz. Cette double affection cessa, le onzième jour, après deux saignées. La première avait eu lieu dès l'invasion de la fièvre. Nous fîmes succéder le lendemain une potion purgative. Le huitième jour, en ayant donné une seconde et voyant que bien loin de diminuer, la maladie augmentait, laissant de côté les purgatifs, je mis ma seule confiance dans la phlébotomie. Je l'employai de nouveau sur chaque bras alternativement, en laissant un jour d'intervalle. On évacua au moins neuf onces de sang dans chaque saignée; dès la première, les accidents furent beaucoup diminués et ils disparurent entièrement après la seconde.

« Nous secourûmes de la même manière un domestique de l'intendant de M. Du Saulx, affecté depuis huit jours d'une lientérie grave. Il fut très-évidemment soulagé par la saignée et guéri le lendemain après avoir pris une décoction de séné avec un peu de rhubarbe.

« La saignée ne fut pas trouvée moins efficace pendant le siége de La Rochelle, pour secourir M. André de Birague, affecté d'une horrible lientérie qui était survenue à la suite d'une fièvre continue très-ardente et très-grave. La saignée avait déjà été pratiquée avant que le cours de ventre se déclarât, et nous la fîmes réitérer avec le plus heureux succès.

« M. de Martigues, âgé de 70 ans, éprouvait la diarrhée depuis huit jours. Il craignait la saignée, à cause de son âge, et nous lui prescrivîmes, en cédant à ses instances, une infusion de rhubarbe. Comme il n'en fut nullement soulagé, il recourut à l'évacuation sanguine et obtint la guérison.

« Quel autre moyen put guérir MM. Greffier et Chattar, compagnons et secrétaires de M. Du Saulx, que la dyssenterie épuisait depuis un mois, si ce n'est la phlébotomie mise en usage une fois chez le premier et deux fois chez le second? car il ne leur manqua pas de médicaments de tout genre prescrit par la médecine.

« Enfin si nous regardons la saignée comme le principe et la cause de la guérison procurée par nous, avec la grâce de Dieu, à tous ceux dont nous venons de parler, et d'un grand nombre d'autres affectés très-gravement de différents flux de ventre, anciens ou récents, avec ou sans fièvre, de même, au contraire, je pense qu'on peut certainement rapporter la mort de beaucoup de malades à l'omission de ce remède par les médecins qui les ont traités.

« Quoiqu'il ne soit pas convenable de raconter en détail l'histoire des cas où de semblables accidents ont eu lieu, il me sera cependant permis d'exposer ici ce qui peut être profitable au progrès de l'art, en taisant le nom des personnages.

« Deux médecins qui maintenant ne vivent plus, avaient traité durant un mois entier un jeune homme âgé de 28 ans, appartenant à une famille illustre, et de concert avec un autre homme de l'art attaché à la maison du malade et son médecin ordinaire, pour une dyssenterie très-violente, avec fièvre continue. Comme le malade allait toujours de mal en pis et qu'on n'avait point pratiqué de saignée, je fus enfin appelé en consultation. Je proposai la phlébotomie et ils commencèrent à s'opposer de toutes leurs forces à ma proposition, avec plus d'opiniâtreté que de science. Ils alléguèrent l'état de faiblesse, et l'autorité de Galien qui proscrivait l'évacuation sanguine en pareille circonstance, et conclurent qu'elle n'était pas admissible. Je ne revins plus et cet homme traîna encore sa vie pendant un mois.

« Le second jour après sa mort, un de ces deux médecins qui jouissait pourtant, ainsi que son collègue, d'une assez grande célébrité, et approchait de la vieillesse, s'étant rencontré avec moi auprès d'un malade, me dit, au premier abord (comme s'il lui eût beaucoup tardé de trouver l'occasion de causer avec moi sur ce sujet et de me montrer combien ils avaient agi sagement en s'abstenant de la saignée) : — Que croyez-vous, Botalli, qu'on ait observé, en ouvrant le cadavre de ce jeune homme que vous avez vu dans telle maison, il y a un mois? — Au moins, lui répondis-je une grande érosion des intestins. — C'est cela, reprit-il, et de plus autre chose; presque tous les intestins étaient frappés de gangrène. Mais, en outre, on n'a pu voir une seule goutte de sang dans tout le corps, excepté dans la grande veine, encore n'y en avait-il pas beaucoup. De manière que cela démontre combien la saignée était contre-indiquée chez un moribond qui n'avait plus de sang que pour se soutenir quelques jours.

« — Je ne veux pas nier, répondis-je, que la saignée n'eût dû être pratiquée plus tôt; mais encore une fois, lorsque je fus consulté, il valait bien mieux employer ce remède, quoique douteux, que de s'en abstenir. Ensuite quel médecin instruit sera étonné qu'on ait trouvé le cadavre dépourvu de sang? puisque cela est commun à tous ceux qui s'éteignent dans le marasme, consumés par la fièvre lente, même sans flux de ventre. Que devait-il donc arriver chez celui-ci qui, outre le cours de ventre, par lequel non seulement tout ce qui était ingéré dans l'estomac s'écoulait par les intestins, en pure perte, mais encore le sang et la propre substance nutritive étaient évacués, était encore affecté de fièvre, de dégoût insurmontable et d'insomnie? Toutes ces causes étaient capables d'épuiser le malade en huit jours, et il a résisté un mois par la force de son tempérament.

« — Croyez, répétait toujours mon antagoniste, qu'il serait mort bien plus tôt, s'il eût été saigné ; il en serait résulté une plus grande soustraction d'aliments, ainsi qu'Hippocrate et Galien nous en avertissent fort bien.

« Comme ce médecin était plus âgé que moi, pour ne pas paraître soutenir avec trop d'opiniâtreté mon opinion, dans une discussion dès lors inutile et qui pouvait tourner à la confusion de mes adversaires : « Cessons, lui dis-je, de parler des morts et occupons-nous des vivants. »

« L'autre médecin, que je rencontrai le lendemain, me proposa le même problème à résoudre, comme s'ils eussent décidé entre eux que la question me serait faite par le premier qui me verrait. Je lui fis la même réponse qu'à son compagnon qui se trouvait être ce médecin qui voulut s'opposer à la saignée qu'on fit à Fouquet et qu'on voulait faire à un autre qui mourut comme le précédent, mais après vingt jours seulement de maladie, et dont les intestins furent trouvés également ulcérés et corrompus.

« Ces ulcères et cette corruption sont la suite nécessaire de toutes les dyssenteries graves. Celui qui ne comprend pas que ces accidents sont causés par l'intempérie chaude et que leur guérison exige aussi bien la saignée que la pleurésie, mais non pas en aussi grande abondance et aussi promptement, se montre peu profond dans la science médicale. Il n'a pas assez de perspicacité pour rechercher les causes cachées de ces cruelles maladies qui tourmentent les hommes et les conduisent au tombeau. Car de même que la pleurésie et la péripneumonie tuent les malades, en corrompant le poumon ainsi que les parties qui servent à la respiration, et sont nécessaires à la vie, et en communiquant cette corruption au cœur, de même la dyssenterie produit aussi la corruption et la communique ensuite aux parties dont l'intégrité est indispensable au maintien de la vie; c'est-à-dire que les intestins tombent d'abord en mortification, ensuite le foie; bientôt, par sympathie, le cœur et tous les organes sont altérés, comme le prouvent évidemment la fièvre et les autres symptômes de mauvais augure dont elle est accompagnée.

« Mais nous nous sommes assez étendus sur cette matière, en exemples et en raisonnements concluants, pour que les gens même les moins expérimentés en médecine demeurent convaincus que l'évacuation sanguine doit être mise en usage pour combattre le flux de ventre, plus souvent que les anciens ne l'ont recommandé et que les médecins de notre temps ne la pratiquent, en suivant leurs exemples. »

Après la lecture de cet intéressant chapitre, dont je me suis appliqué à donner la traduction aussi exacte et aussi littérale que possible, les observations qui suivent et qui me sont propres, paraîtront sans doute dépourvues d'intérêt. Cependant elles n'en sont que la déduction pratique. Dans les cas dont il est question, la thérapeutique m'a été inspirée par le livre dont je m'étais d'autant mieux assimilé les éléments, qu'il m'avait fallu plus de travail pour le comprendre et le traduire.

Du reste, je n'ai point employé les évacuations sanguines comme méthode exclusive de traitement; je les ai surtout associées à l'opium dont l'action vraiment merveilleuse contre cette douloureuse maladie, n'a pas besoin d'une nouvelle démonstration. Enfin, je ne les ai employées que chez les sujets chez lesquels les accidents inflammatoires étaient les plus violents.

Ce n'est point le génie particulier d'une épidémie que je me propose de faire connaître. Toutes les variétés de dyssenterie furent soumises à notre observation, pendant cette épidémie qui sévit cruellement sur plusieurs communes du canton de la Côte-Saint-André, dans le courant des mois d'août et de septembre 1856. Je n'ai d'autre but que celui de signaler les services que je dois aux émissions sanguines, dans certains cas spéciaux.

OBSERVATION I.

Un homme d'un tempérament sanguin et d'une forte constitution, âgé de 25 ans, commença à éprouver des ténesmes et à rendre des selles dyssentériques, le 23 août 1856. Il continua de travailler ce jour-là, ainsi que le lendemain, et de manger comme à l'ordinaire. Il lui semblait que ses gencives étaient enflées.

Le 25, il resta au lit tourmenté par le besoin continuel de rendre ses déjections. L'anus était très-douloureux. Les angoisses, les insomnies se faisaient péniblement sentir. Il but tout le jour du lait caillé et de la tisane de riz.

Le 26, je constatai les accidents de la veille, sans réaction fébrile. Je prescrivis 20 sangsues à l'anus, du petit lait pour boisson, des lavements amidonnés, une potion avec 20 gouttes de laudanum de Sydenham, des bains de siége répétés.

Le 27, les sangsues ayant saigné abondamment, les

selles étaient devenues moins fréquentes; mais elles reparurent le soir, accompagnées de douleurs violentes à l'anus et dans tout l'abdomen. A huit heures du soir, saignée de 400 grammes. Soulagement très-marqué pendant quatre heures. Sommeil satisfaisant, interrompu par quelques ténesmes et quelques selles sanguinolentes.

Le 28, même état. Nouvelle saignée de 400 grammes. Décoction blanche de Sydenham, avec addition de 20 gouttes de laudanum de Sydenham. Amélioration notable. A midi, selle moulée. La douleur de l'anus est dissipée. Le soir, selle légèrement sanguinolente.

Le 29, selle moulée le matin. Dans la journée, quelques déjections muqueuses, nullement sanguinolentes. Quelques épreintes très-douloureuses. Même prescription que la veille. Lavements amidonés.

Le 30, déjections de plus en plus rares. Sentiment de brisement et de malaise dans tout le corps. 15 centigr. d'extrait d'opium.

Le 31, sommeil calme, bien-être général. Trois selles spontanées, sans ténesme, mêlées de matières moulées. Lavements émollients. 15 centigram. d'extrait gommeux d'opium.

Le 1er août, amélioration de plus en plus prononcée. Sommeil profond, commencement d'alimentation.

Le 3, cet homme reprend les travaux les moins fatigants de sa profession, et sa convalescence ne fut entravée que par une céphalalgie périodique que quelques doses de tannate de quinine dissipèrent promptement.

OBSERVATION II.

Une femme âgée de 50 ans, vive, active, bien portante, n'étant plus réglée depuis un an, éprouvait des malaises et se trouvait sans appétit depuis le commencement d'avril de la même année.

Le 27, elle fut prise de douleurs de ventre, avec selles dyssentériques, pesanteur de la tête, obscurcissement de la vue, chaleur brûlante, pression épigastrique et iliaque douloureuse.

Le 30, les selles devinrent plus fréquentes. Elles avaient lieu presque tous les quarts d'heure. La malade fit diète et se contenta de la tisane de riz.

Le 2 septembre, son état ne s'améliorait pas, elle me fit appeler. Je constatai les phénomènes précédents et lui pratiquai une saignée de 250 grammes. Limonade gommée pour toute boisson. Après la saignée elle se trouva beaucoup mieux sous tous les rapports, jusqu'au soir; mais la nuit, les selles revinrent tout aussi fréquentes.

Le 3, dix sangsues à l'anus. Dans la journée, selles beaucoup moins fréquentes. Faiblesse très-grande. Potion avec seize gouttes de laudanum de Sydenham. Quelques cuillerées de potage au vermicelle. Il n'y eut que deux selles dans la journée; mais elles devinrent plus fréquentes pendant la nuit, pour se supprimer de nouveau sous l'influence de la potion laudanisée.

Le 4, selles diarrhéiques, mais nullement sanguinolentes, avec quelques épreintes. Bains de siége. Potion avec vingt gouttes de laudanum. Eau pannée-gommée, légèrement vineuse pour boisson.

Le 5, sommeil bon, selles rares, pouls moins fréquent, forces augmentées. Même traitement, même régime. Coliques dans la nuit, parce que la potion n'avait pas été prise.

Le 6, même état, même traitement. Vingt gouttes de laudanum.

Les jours suivants, les symptômes allèrent en s'amendant. Vers le milieu du mois, cette femme était parfaitement remise.

OBSERVATION III.

Un tisserand, âgé de 35 ans, d'une constitution assez bonne, est sujet à des coliques qui se dissipaient d'elles-mêmes par la diète et le régime.

Vers le 10 août de la même année, il en fut pris de nouveau, et malgré la diète qu'il s'imposa, elles persistèrent jusqu'au 26 du même mois, époque à laquelle elles se compliquèrent de selles dyssentériques, revenant toutes les demi-heures avec des douleurs vives à l'anus et dans les hanches.

Le 27, il fut obligé de s'aliter. Le pouls était fréquent, avec céphalalgie, le ventre très-douloureux à la pression, les selles nombreuses, sanguinolentes, suivies de ténesmes violents. Vingt sangsues sur le ventre. Le soir, soulagement qui engage le malade à demander de nouvelles sangsues qui furent mises à l'anus au nombre de dix et saignèrent abondamment.

Le 28, selles moins fréquentes, sans épreintes. Céphalalgie sous-orbitaire. Pouls fréquent et fort. Saignée du bras de 300 grammes. Lavements amidonnés, bains de siége.

Le 29, six selles ont eu lieu sans aucune douleur. Sentiment de constriction dans l'épigastre. Douze gouttes de laudanum dans une potion gommeuse.

Le 30, point de selle, nuit calme, quelques coliques légères. Le laudanum est continué à la même dose.

Le lendemain, les forces sont revenues. Les selles sont naturelles. Cet homme reprend ses travaux.

OBSERVATION IV.

Une femme, âgée de 52 ans, ayant, depuis deux ans, passé l'époque critique, était sujette à des pesanteurs de tête incommodes. Elle éprouvait aussi quelquefois des palpitations avec quelque difficulté de respirer. Ces accidents étaient facilement dissipés par l'application de sangsues à l'anus. Cette femme qui, depuis la ménopause, avait pris beaucoup d'embonpoint, éprouvait, depuis un mois, ce qu'elle appelait une ceinture de chaleur très-incommode.

Le 22 juillet 1856, sur le soir, elle fut prise, sans aucun signe précurseur, de ténesmes fréquents, très-douloureux qui amenaient des selles jaunes assez abondantes et d'autres fois quelques gouttes de sang seulement.

Le 25, on appliqua sur le bas ventre, qui était très-douloureux à la pression, dix sangsues qui saignèrent peu. Le soulagement fut nul.

Le 27, elle prit un bain le matin et ne s'en trouva pas non plus soulagée. Je fus appelé le soir. Elle éprouvait de violentes douleurs à l'anus et dans le ventre, chaque fois qu'elle se présentait à la garde-robe, et cela arrivait au moins toutes les demi-heures. Légère douleur de tête avec rougeur des pommettes, froid des extrémités. Pouls presque naturel. Saignée de 500 grammes pendant laquelle elle se trouva sensiblement soulagée. A peine cette opération était-elle terminée, que le pouls devint insensible, la peau froide et recouverte d'une sueur visqueuse ; les membres se contractèrent convulsivement, une syncope complète survint. Cet état dura demi-heure, et quand il fut dissipé, les selles furent moins fréquentes, moins douloureuses, moins sanguinolentes. Un sommeil bienfaisant dont elle n'avait pas joui depuis l'invasion des accidents, vint réparer ses forces, et fut le signal d'une amélioration qui ne s'est pas démentie.

L'influence salutaire de la saignée ne peut être douteuse dans ce cas. Du reste Sydenham en proclame les bons effets dans les cas analogues, et Frédéric Hoffmann (tome IV, page 110), recommande la même pratique en consultant toutefois la nature de l'épidémie régnante et en couvrant son conseil sous la réserve suivante :

« Cœterùm epidemiæ febres non unâ, omnibus « annis incidunt facie, se varium, pro diversitate tem- « pestatum, constitutiones exhibent genium. Hinc me- « dicus ad medicationem attente semper accedat cùm « judicio necesse est. »

OBSERVATION V.

Un homme âgé de 28 ans, éprouva, le 6 septembre, à la suite d'une indigestion, des coliques violentes, et des selles dyssentériques se répétaient à peu près tous les quarts d'heure.

Le 8, dix sangsues à l'anus, grands bains, lavements émollients, 5 centig. d'extrait gommeux d'opium. Il fut soulagé quelques instants, mais la nuit fut aussi mauvaise que la précédente.

Le 9, dix sangsues à l'anus, dix sur le trajet du colon. Soulagement marqué.

Le 10, retour des accidents. Saignée du bras de 500 gr.

Potion avec 20 gouttes de laudanum. Lavements amidonnés. Amélioration notable.

Le 11, les selles redeviennent fréquentes, mais ne contiennent plus de sang. Le pourtour de l'anus est très-douloureux. Bains de siége. Lavements avec 20 gouttes de laudanum.

Jusqu'au 20, il y eut des alternatives de bien-être et de rechute. A cette époque, la guérison fut définitive.

OBSERVATION VI.

Un homme, âgé de 30 ans, avait la digestion pénible depuis près d'un mois, lorsque, le 22 septembre, il fut pris tout à coup de douleurs du ventre, avec nausées et selles dyssentériques qui se répétaient à chaque instant. Le 24, mêmes accidents. Vingt sangsues au-dessous du nombril. Point de soulagement.

Le 25, je le vois pour la première fois. Je constate les symptômes suivants : tête lourde, pouls fort et fréquent, sentiment de chaleur générale, urine brûlante, bouche mauvaise, nausées, coliques qui se manifestent aussitôt que le ténesme survient, selles jaunes, sanglantes, se répétant fréquemment. Saignée de 500 grammes qui procura peu de soulagement. Potion avec 6 centigr. d'extrait gommeux d'opium.

Le soir, persistance des mêmes symptômes. La langue

était légèrement saburrale, j'administre 12 décigr. d'ipécacuanha qui produisent plusieurs vomissements de matières bilieuses très-abondantes.

Le 26, les selles sont moins douloureuses et moins fréquentes. Trois lombrics ont été expulsés. La palpation abdominale ne réveille aucune douleur.

Les symptômes allèrent en s'amendant de plus en plus, et vers la fin du mois, cet homme était guéri.

OBSERVATION VII.

Une jeune fille, âgée de 27 ans, se portant bien précédemment, après avoir passé la nuit sans dormir, fut prise tout à coup, le matin du 23 août, d'un flux dyssentérique avec douleurs de ventre, froid aux pieds et chaleur dans le reste du corps. Les mêmes accidents persistèrent jusqu'au 27. Ce jour-là, les selles augmentèrent de fréquence. Elles devinrent plus sanguinolentes, les coliques de plus en plus douloureuses. Bouche mauvaise, langue recouverte d'une couche saburrale épaisse, nausées continuelles, vomissements bilieux, céphalalgie frontale, pouls faible et accéléré, ventre souple. La pression ne réveille que peu de douleurs. 12 décigr. d'ipécacuanha qui procurent trois vomissements de matières jaunes. A neuf heures, 1 décigr. d'extrait gommeux d'opium. Sommeil tranquille. Une seule selle, la nuit, sans épreintes.

Le 28, pesanteur de tête, soif, pouls assez fréquent, trois ou quatre selles sans ténesme, mais avec des coliques. Le soir, 1 décig. d'extrait gommeux d'opium.

Le 29, l'état saburral de la langue a reparu. 1 décigr. d'émétique. Vomissements répétés. Deux selles sans ténesme. Accablement. 1 décigr. d'opium.

Le 30, les selles dyssentériques reparaissent avec de violentes douleurs dans les reins. Dix sangsues appliquées à l'anus produisent un soulagement sensible qui ne se démentit pas jusqu'au 6 septembre, époque à laquelle je cessai de voir le malade.

Dans ce dernier cas, la dyssenterie, au lieu d'être franchement inflammatoire, présenta des phénomènes bilieux que les vomitifs eurent bientôt dissipés.

Lorsque l'affection de bilioso-inflammatoire qu'elle était au début, fut ramenée au type franchement aigu, les évacuations sanguines locales imprimèrent à la marche de la maladie une modification évidemment salutaire.

Je borne à ce nombre, trop considérable sans doute, les observations à l'aide desquelles je me proposais d'étayer l'idée qui domine dans ce travail, savoir l'utilité des émissions sanguines dans le traitement de la dyssenterie. Toutefois une épidémie n'est pas constituée par un certain nombre de faits calqués en quelque sorte sur le même type et réclamant par conséquent les mêmes indications thérapeutiques. Je n'ai point l'intention d'en décrire les nombreuses variétés. Ce travail, du reste, n'est point à faire. Je terminerai ce mémoire, en résumant, sous forme de proposition, les réflexions qui m'ont été suggérées par l'épidémie qui m'a fourni les observations précédentes et qui a présenté en même temps toutes les formes sous lesquelles la dyssenterie peut se manifester.

Propositions relatives à la dyssenterie.

I.

Si, suivant les vœux et les expressions de Vicq-d'Azyr, le corps de l'homme malade apparaissait aux yeux du médecin, transparent comme le cristal, dans quel état se présenterait la muqueuse du gros intestin au début d'une dyssenterie inflammatoire? La rougeur et la turgescence de cette muqueuse, l'injection de ses vaisseaux capillaires seraient les phénomènes les premiers signalés. Quelle est la thérapeutique la plus rationnelle à leur opposer?

II.

Lorsque les organes sont enflammés chez les individus affaiblis, les tissus qui environnent l'inflammation sont pâles et il existe alors atonie complète sur un point voisin de la sthénie. Cette considération n'explique-t-elle pas, jusqu'à un certain point, les succès des toniques ? Voilà pourquoi, lorsque l'inflammation du tube intestinal survient chez un sujet faible ou lorsqu'elle a été de longue durée, les forces vitales, concentrées sur les organes malades, se trouvent en défaut dans les autres et une méthode stimulante, dirigée sur les organes non enflammés, est évidemment nécessaire.

II.

Dans beaucoup de circonstances il est difficile de décider si une évacuation sanguine, indiquée par la nature de la maladie, n'aboutira pas à épuiser les forces vitales. Il en est de même de l'emploi des autres remèdes perturbateurs, vomitifs et purgatifs. Cette difficile appréciation des forces vitales n'est pas la cause la moindre des perplexités et des incertitudes de l'homme de l'art, relativement à la thérapeutique et à la prognose.

IV.

Une saignée pratiquée sur les veines du bras, dans les inflammations violentes des organes abdominaux, surtout la dyssenterie, soulage d'abord, pendant l'écoulement sanguin ; bientôt après, il survient une syncope et une grande anxiété. L'irritation fixée au-dessous du diaphragme empêche que le sang ne retourne assez promptement dans les vaisseaux qui viennent d'être vidés et les accidents, causés par cette déplétion, persistent jusqu'à ce que l'équilibre soit rétabli dans la circulation et que les vaisseaux trop pleins soient dégorgés dans ceux qui sont trop vides.

V.

Water a observé que, dans une épidémie de dyssenterie, la céphalalgie fut si violente que les sutures coronales et sagitales s'étaient écartées au point de pouvoir admettre le doigt. Cet accident qui ne fut pas mortel, fut observé chez deux malades. Bien loin d'avoir été combattu par les évacuations sanguines, il le fut par les stimulants. (Haller. Disput. med., t. III, p. 416). Que doit-on penser de cette observation ?

VI.

Chez les individus avancés en âge, toutes les irritations violentes doivent être promptement dissipées, surtout celles qui ont leur siége dans les organes digestifs. Si l'on se borne à apaiser la douleur, la maladie prend un caractère de chronicité très-souvent rebelle aux médications les plus rationnelles.

VII.

Il est très-essentiel d'observer, dans le traitement de la dyssenterie, si l'entérite qui la complique souvent existait antérieurement à la colite elle-même.

VIII.

Excepté deux ou trois agents de la matière médicale, quels sont ceux qui peuvent porter le nom de remède ? Ce mot devrait être proscrit du vocabulaire scientifique. Il n'y a pas de remèdes en effet, il n'y a que des méthodes de traitement. L'admission des remèdes sera le triomphe de l'art quand leur spécificité sera démontrée. Elle n'est pour le moment et jusqu'à plus ample informé, que le laissez-faire et le laissez-passer de l'empirisme le plus irrationnel ou de la foi la plus naïve.

IX.

La médication sédative directe ou substitutive doit dissiper ou amoindrir l'inflammation du colon qui peut cesser sans autre dérangement dans la santé, ou faire place à quelque autre affection qui se manifestera quand la sensibilité de la partie qui en sera le siége, sera supérieure à la sensibilité de l'intestin primitivement malade.

X.

La saignée doit toujours être portée au point de faire taire l'accident qui en réclame l'emploi, autrement la maladie devient bientôt insurmontable par le traitement direct, parce que l'irritation locale se trouve accompagnée d'une asthénie générale.

XI.

Presque toujours le traitement se réduit à diminuer l'activité de la circulation.

XII.

Il existe évidemment plusieurs traitements indirects de la même maladie ; ils sont bons relativement aux individus. C'est bien à tort que les gens systématiques disent que, dans les circonstances où est mise à exécution une méthode opposée à celle qu'ils ont adoptée, la nature a été plus forte que la maladie et la médication réunies.

XIII.

Une mauvaise méthode de traitement aggrave toujours la maladie ; mais si elle tend à guérir, elle est bonne pour celui sur lequel elle est employée. Un vomitif exaspère souvent la dyssenterie, d'autres fois il en amende les symptômes ; il en est de même des purgatifs et des stimulants. Il s'agit de savoir quand ils doivent être employés et ne pas les prescrire en dépit de l'expérience.

XIV.

La cause prédisposante aux fluxions inflammatoires

ou aux congestions est tellement essentielle à connaître, que le traitement doit y être entièrement subordonné. Dans les dyssenteries, les congestions sont de longue durée et plusieurs organes sont affectés à la fois, les évacuations sanguines n'ont qu'un succès très-momentané, parce qu'elles n'agissent que sur les symptômes ou sur l'effet. Les évacuants, au contraire, paraissant agir sur la cause productrice, seront souvent utiles, quoique souvent aussi ils aggravent l'affection locale ou symptomatique.

XV.

Lorsqu'une affection chronique existe dans une partie quelconque du tube intestinal, s'il survient une affection aiguë du colon, les forces vitales se concentrant sur les tissus surexcités, abandonnent les parties primitivement affectées. La guérison de celles-ci peut être une conséquence de cette dérivation spontanée.

XVI.

Dans les épidémies de maladies graves, plusieurs organes tendent à être affectés simultanément. Toutefois une affection paraît ordinairement prédominante et obscurcit les signes qui annoncent les troubles des autres fonctions ou les souffrances des autres organes. Une saignée copieuse, un vomitif même peuvent réduire l'irritation principale, au point de la rendre secondaire. Il peut alors se développer des accidents très-graves sous l'influence du traitement le plus rationnel. Il me semble qu'il faut, autant qu'on le peut et successivement, combattre, par les débilitants, les complications dangereuses à mesure qu'elles se présentent et les réduire au point de pouvoir être enfin amenées à résolution, au moyen de révulsifs.

XVII.

Dans les maladies aiguës épidémiques, la vitalité des liquides est altérée aussi bien que celle des solides. Cela est surtout vrai dans les affections produites par les effluves et les miasmes. Les différentes formes ou localisations dépendent de la constitution saisonnière qui produirait, indépendamment de la cause délétère, certaines affections locales qui deviennent autant de complications.

XVIII.

Il existe assez souvent une prédisposition à plusieurs

mouvements fluxionnaires, qui se trouve suspendue par une fluxion principale. Celle-ci diminuant d'intensité, les autres ne tardent pas à se montrer.

XIX.

Suivant une des lois générales qui régissent les corps organisés, la continuité du stimulus finit par rendre la fibre moins sensible ou tout-à-fait insensible. Comment se fait-il que quelle que soit la durée de la colite, la douleur en soit toujours le symptôme prédominant ? et comment cette douleur si tenace peut-elle céder comme par enchantement à l'action de l'opium ?

XX.

La faiblesse de l'estomac est bien souvent le résultat de l'inflammation du colon qui attire à lui les forces vitales. De petites doses d'aliments plus ou moins répétées, des stimulants diffusibles sont nécessaires alors. C'est dans ces circonstances que l'ingestion des aliments procure d'abord un bien-être qui ne tarde pas à se dissiper, lorsque le résidu de la digestion vient à passer sur les surfaces enflammées.

XXI.

L'habitude, suivant l'état de force ou de faiblesse de l'organisme, rend insensible à l'influence des agents extérieurs ou augmente leur impression nuisible. Dans le premier cas, la nature appelle à son aide le concours de toutes les fonctions pour lui aider à résister. Dans le second cas, tous les tissus ou plusieurs d'entre eux ressentent l'impression désagréable éprouvée par celui qui est irrité primitivement. Ainsi, lorsqu'un homme jeune et robuste couche sur la terre, son système absorbant transporte sur les voies urinaires l'humidité excédente dont il s'est surchargé ; et le cœur en redoublant ses battements, le poumon en augmentant son énergie respiratoire, fournissent des moyens suffisants d'élimination. L'individu qui se trouve dans la seconde circonstance, gardera le système absorbant engorgé et la souffrance ressentie par l'enveloppe cutanée sera réfléchie sur le cœur, le poumon ou l'intestin. Dans l'un et l'autre cas la nature suit les mouvements qu'elle exécute tous les jours; mais les organes, suivant l'âge, l'état de santé ou de maladie, l'état de faiblesse ou de force, ne répondent pas toujours de la même manière à son appel.

CHAPITRE III.

La médecine ne peut se faire dans la chaumière du pauvre de la même manière que dans les demeures somptueuses des riches. Cette différence doit exister non-seulement pour la matière médicale, mais encore et avec des nuances bien plus tranchées, pour la pathologie elle-même. S'il est vrai de dire que chaque saison imprime, aux maladies qu'elle engendre, une physionomie particulière, il ne l'est pas moins d'ajouter que chaque position sociale a une pathologie différente, comme elle a des occupations, des sensations, une alimentation, une hygiène différentes. L'homme du monde grêle, délicat et nerveux peut-il présenter des phénomènes morbides analogues à ceux qu'on observe chez le campagnard aux sens émoussés, aux mains calleuses, à l'épiderme induré ?

Dans le cours de mes études médicales, j'avais rarement eu l'occasion de constater des désordres causés par les vers intestinaux, soit que l'affection vermineuse fût idiopathique, soit qu'elle fût une simple complication d'autres maladies concomitantes. Je ne me rappelle même pas avoir été témoin, soit pendant mon internat dans les hôpitaux de Lyon, soit pendant un séjour de plusieurs années à Paris, d'un seul cas dans lequel les helminthes aient pu être considérés comme une cause essentielle d'une maladie grave. Je n'ai donc pas été peu surpris, quand, dès le début de ma pratique, des phénomènes morbides provenant de cette cause se sont tous les jours présentés à mon observation, non-seulement chez les enfants, mais encore chez les adultes. J'ai vu des désordres effrayants en apparence, disparaître comme par enchantement sous l'influence d'une simple infusion vermifuge.

Dans le peuple on est tellement convaincu de l'importance de la cause que je signale, dans la production des maladies, que, dès le début d'une indisposition, le vermifuge est administré, avant qu'on ait eu recours à la médecine; ce n'est, en général, que lorsque l'impuissance de ce premier moyen a été reconnue, que l'homme de l'art est appelé.

Le vermifuge administré intempestivement devient, à

son tour, cause de maladie. Dans beaucoup d'affections aiguës des voies digestives, j'ai vu les accidents s'aggraver par l'emploi d'anthelminthiques plus ou moins irritants ou par la perte de temps suite nécessaire de la sécurité produite par l'usage de ce premier moyen.

Les seuls entozoaires que j'aie observés sont les ascarides lombricoïdes, les ascarides vermiculaires et le tœnia.

C'est pendant l'été et l'automne, que j'ai le plus souvent observé les complications provenant de la présence des vers et c'est probablement à l'usage habituel du laitage, des légumes, des fruits, qu'il faut en rapporter la cause.

Des fièvres continues présentant un aspect bilieux ont cédé promptement à l'emploi d'un vomitif ou d'un purgatif qui, outre des évacuations bilieuses abondantes, amenait l'expulsion d'un ou de plusieurs ascarides lombricoïdes. Ce genre de complication s'observait surtout chez les femmes et les enfants. Ces derniers présentaient presque tous une série de symptômes qui auraient pu paraître excessivement graves, si la cause n'en eût été promptement reconnue.

Ils se plaignaient de difficultés de respirer, de douleurs au creux de l'estomac ; ils avaient une petite toux sèche, des nausées. Le pouls était petit, faible, irrégulier. Les extrémités inférieures étaient infiltrées chez quelques-uns et, tous les soirs, survenait un paroxysme très-intense.

Un de ces malades rendit cinq vers, sans avoir présenté aucun des signes que l'on donne comme annonçant leur présence.

Un autre, au contraire, âgé de 11 ans, rendant fréquemment des vers lombrics, avait perdu l'appétit depuis plusieurs jours; il avait la diarrhée. Les forces et l'embonpoint diminuaient rapidement ; il éprouvait des mouvements irréguliers de fièvre, de l'agitation pendant la nuit, des douleurs dans le ventre, point de sommeil. J'administrai 5 centigrammes d'extrait d'opium. Les douleurs de ventre cessèrent et l'enfant reprit le sommeil; on cessa toute espèce de remède et il se rétablit sans avoir rendu aucun entozoaire.

De cet exemple et de beaucoup d'autres, je me crois en droit de conclure que les signes auxquels on prétend connaître les vers sont très-fautifs et que s'ils existent il vaut souvent beaucoup mieux apaiser les symptômes qu'ils produisent par des calmants , ou d'autres remèdes appropriés à la circonstance. Lorsqu'ils n'existent pas, en persistant dans l'emploi des anthelminthiques on occasionne un état inflammatoire qui était déjà imminent ; et lorsqu'ils existent, les purgatifs augmentent le spasme déjà produit par les vers. Les intestins se froncent, se contractent ; le sang s'accumule dans leurs tuniques et l'affection devient plus aiguë, plus grave.

Souvent les vers ne produisent que des accidents momentanés, lorsque, par exemple, ils viennent irriter les orifices pylorique ou cardiaque de l'estomac ou quelque autre partie des organes digestifs accidentellement ou naturellement plus sensible. Dès qu'ils ont repris la place où ils étaient en quelque sorte nichés auparavant, tout rentre dans l'ordre. Dans bien des cas, l'art doit se proposer de suivre l'exemple de la nature. Hélène G. est tellement sujette aux vers qu'elle en tire souvent elle-même de son gosier et qu'elle en a rendu plusieurs fois en peloton. Un soir elle prend tout-à-coup la lèvre supérieure excessivement enflée, tombe en défaillance, se plaignant surtout d'une douleur très-vive au creux de l'estomac. Cinq centigrammes d'émétique sont administrés dans un verre d'eau. Elle vomit beaucoup de bile et fut guérie.

L'irritation que les vers avaient produite sur le pylore, dans le duodénum, occasionna sans doute les accidents et provoqua en même temps une sécrétion de bile plus considérable que dans l'état normal. Les contractions stomacales produites par l'émétique éloignèrent les vers, en même temps que la surcharge bilieuse accidentelle fut évacuée.

Il est donc évident que dans un grand nombre de cas les vers sont innocents des délits dont on les accuse et que si des accidents se manifestent en même temps que les signes annonçant leur présence, les accidents sont l'effet des saburres glaireuses et bilieuses agglomérées sur l'estomac et qui servent en quelque sorte de nid aux vers, bien plutôt que des vers eux-mêmes : ils sont effet et non pas cause. La saburre d'ailleurs leur est préexistante. Lorsqu'ils existent en grande quantité, ils agissent mécaniquement et par leur masse sur les intestins dont l'atonie a favorisé leur multiplication.

Dans les observations de prétendues perforations intestinales par les vers, n'est-ce pas par des points ulcérés ou gangrenés de ces viscères que les vers ont pénétré dans la cavité péritoniale, sans avoir contribué eux-mêmes à se faire passage. Telle doit être du moins la règle générale à laquelle je ne connais que trois exceptions, l'une rapportée par M. Gauthier de Claubry et les deux autres par M. Guersant (dernier volume du Dictionnaire en 30).

Du reste, lorsque dans la cavité péritonéale, au centre d'un foyer non stercoral, on trouve un ou plusieurs entozoaires, ne peut-on pas ranger ce fait au nombre de ces cas rares semblables à ceux dans lesquels on a vu de ces insectes dans le cœur, le foie et d'autres viscères parenchymateux ?

Mais si en général les helminthes n'ont que peu d'influence sur les symptômes qu'on observe, conjointement avec les signes qui révèlent leur présence, il n'en est pas moins vrai qu'il se trouve des sujets chez lesquels, en raison de leur idiosyncrasie, ils peuvent produire des accidents particuliers, ainsi que dans certaines constitutions épidémiques où les lois ordinaires des sympathies sont changées.

Dans certaines affections bilieuses, chez les femmes et les enfants surtout, ainsi que nous l'avons déjà constaté, les vers ont produit des accidents assez graves, et ont semblé ne fixer leur siége que dans l'estomac et les intestins, le reste de l'organisme demeurant en quelque sorte étranger aux désordres des voies digestives.

Une petite fille de 11 ans avait des coliques atroces : apprenant par les parents qu'elle avait été toute sa vie sujette aux vers, je lui fis prendre une infusion vermifuge, avec du semen-contra et de la mousse de Corse, suivie d'un purgatif huileux. L'enfant rendit plusieurs selles et cinq lombrics ; 24 heures après elle était guérie.

Mademoiselle Élisa G..., âgée de 25 ans, d'un tempérament lymphatique, d'une bonne santé habituelle, avait été sujette aux vers dans son enfance. Elle se mit au lit, éprouvant des douleurs très-vives dans l'épigastre, l'hypochondre droit et les deux épaules; la langue était saburrale ; il y avait de l'anorexie, de l'amertume à la bouche, point de fièvre. Pensant avoir affaire à un simple embarras gastrique, je lui conseillai une bouteille d'eau de Sedlitz. Quelques jours après, elle me fit appeler de nouveau : les douleurs avaient été soulagées par le purgatif, mais elles étaient revenues avec une violence extrême.

L'imagination frappée de cette jeune fille lui faisait entrevoir déjà tout l'appareil symptômatique d'une maladie organique du foie, à laquelle sa mère avait succombé quelque temps auparavant. Elle n'en éprouvait pas le moindre signe caractéristique. Elle me dit que, la veille, elle avait rendu un ver par la bouche. Tout en combattant la douleur suraiguë de l'épigastre et de l'hypochondre droit par des applications émollientes et narcotiques, je conseillai l'usage d'une infusion de fougère mâle, de mousse de Corse et de semen-contra, de chaque 2 grammes, suivie de 60 grammes d'huile de ricin. Trois heures après, elle rendit 25 lombrics très-longs, très-volumineux et pour la plupart très-vivaces. Les douleurs ne se reproduisirent plus : la guérison était complète.

Une autre jeune fille du même âge et d'un tempérament très-bilieux, Marianne M..., me présenta, il y a deux mois à peine, des phénomènes à peu près analogues. Elle accusait dans le flanc droit une tuméfaction considérable et une douleur très-vive s'irradiant vers l'épaule du même côté. Son teint jaune et l'ensemble de sa constitution, joints aux symptômes locaux, me firent diagnostiquer un engorgement du foie. J'ordonnai entre autres remèdes un mélange de 2 grammes de jalap et

1 gramme de calomélas, plutôt comme cholégogue que comme vermifuge. Dans la journée elle rendit plus de cent vers lombricoïdes ou vermiculaires. La tumeur disparut immédiatement et les douleurs ne se sont plus reproduites.

J'ai vu des enfants affectés d'un ansarque général que rien ne pouvait expliquer. Une potion huileuse amenait l'expulsion d'un grand nombre de vers et des selles abondantes. L'anasarque s'amoindrissait rapidement et ne tardait pas à disparaître.

Quel a pu être le rôle des vers dans cette maladie ? Il est probable que le défaut d'équilibre entre l'absorption et l'exhalation doit être attribué à une irritation déterminée dans le tube intestinal par la présence des insectes, et en vertu de laquelle les vaisseaux veineux ne pouvant se décharger dans le système capillaire, le système artériel se vidait par l'exhalation séreuse ; du reste, l'insuffisance de l'explication ne détruit pas le fait.

Dans une épidémie de fièvre catarrhale, j'ai vu presque tous les malades rendre des vers par l'anus ou par la bouche, quelques-uns même d'une grosseur prodigieuse. Les sujets qui en rendirent le plus furent plus longtemps et plus dangereusement malades que les autres ; quelques-uns même, presque agonisants, revinrent à la vie, après avoir rendu un nombre plus ou moins considérable de ces parasites.

Le pouls présentait quelquefois une irrégularité remarquable. Chez quelques malades, les phénomènes primordiaux étaient de la toux, des points de côté avec difficulté de respirer, sans d'autres symptômes stéthoscopiques que ceux d'une bronchite aiguë. Sans recourir aux anthelminthiques, je me contentai d'un traitement émollient et de quelques potions huileuses qui déplaçaient les vers. L'opium était ensuite administré et calmait la toux et la cardialgie, probablement occasionnée par les helminthes. Les malades qui n'en rendirent point pendant leur maladie, en firent après leur guérison. Un très-petit nombre n'en firent point, quoiqu'ils eussent présenté les mêmes symptômes que les premiers. Les différentes membranes muqueuses semblaient être alternativement le théâtre de tous les phénomènes morbides. Aujourd'hui la toux, l'enchifrènement, la douleur frontale prédominaient; demain c'étaient les coliques, l'état saburral, la diarrhée ou la constipation. Quelle était la cause de cette métastase? Je ne puis l'affirmer d'une manière précise; mais ce qui fut bien constaté, c'est que ceux chez qui ces phénomènes se manifestaient avec le plus d'intensité, rendirent le plus de lombrics. Le traitement antiphlogistique et émollient fut, ainsi que je l'ai dit, le meilleur anthelminthique.

Une femme, âgée de 67 ans, à qui, pour combattre une constipation opiniâtre, je fis prendre deux gouttes d'huile de croton, en fut superpurgée et rendit 60 lombrics. Elle en fut, me dit-elle, épouvantée. La maladie avait débuté chez elle par des phénomènes siégeant dans les voies respiratoires, toux, dypsnée, expectoration de glaires muqueuses, tous les symptômes d'une bronchite aiguë. Elle se fixa bientôt sur les voies digestives, et la pauvre mère B... ne tarda pas de succomber à un état typhoïde à forme ataxique dont cette superpurgation fut en quelque sorte le signal.

Ne serait-on pas en droit de conclure, avec Alexandre de Tralles (*De Affectu cardiaco*, page 273, édition de Haller) : *Qua propter non semper repentinas oris ventriculi syncopas a pravis humoribus fieri, censendum est, sed etiam lombricorum indicia requirenda. Nam hæ bestiæ adeo repentinam mortem et syncopas non minus quam perniciosos humores inferunt.*

Pendant une épidémie de grippe, j'ai vu bien souvent les vers intestinaux imprimer à la maladie une physionomie particulière, et réclamer des indications thérapeutiques spéciales. Cette sorte de fièvre catarrhale avait, avec l'épidémie dont je viens de parler, la plus grande analogie. Mon intention n'est certainement pas d'en faire la description en tant qu'épidémie, mais bien de présenter les caractères distinctifs qu'elle empruntait à la complication vermineuse. Cette affection aiguë présentait des exacerbations régulières qui réclamaient l'emploi du sulfate de quinine. Quelques malades chez lesquels le sel fébrifuge n'a pas été administré à temps et à des doses assez considérables, ont succombé à des accès pernicieux.

Dans cette affection, toutes les membranes muqueuses étaient enflammées ensemble ou séparément : douleur frontale, épistaxis, face vultueuse, toux opiniâtre, expectoration difficile de crachats rares, filants, nullement sanguinolents. Toutes les fois que l'inflammation ne s'étendait pas jusqu'au parenchyme pulmonaire, ce qui arrivait encore assez fréquemment, fièvre assez forte, vertige, nausées, vomissements, souvent constipation, tels étaient les symptômes principaux. Lorsque le sulfate de quinine, aidé de l'opium, ne produisait pas d'amélioration rapide, certainement la fièvre était entretenue par des vers qui agissaient sans doute comme corps étrangers. Elle cédait promptement à l'expulsion des helminthes.

Le jeune A. M... avait été sujet toute sa vie aux affections catarrhales des bronches. Une brûlure assez grave, la scarlatine, la rougeole, une pneumonie, il y a deux ans, tels sont les antécédents morbides de cet enfant. A différentes reprises il a rendu des vers.

Le 10 février, à midi, cet enfant est pris d'un frisson violent, avec céphalalgie, fièvre intense, toux opiniâtre très-forte, très-fréquente, réveillant un point douloureux à la base de la poitrine du côté gauche.

L'auscultation y révélait quelques craquements,

du râle muqueux à la partie supérieure. Quelques sangsues (*loco dolenti*), un vésicatoire, 15 centigrammes d'émétique dans un julep gommeux. Je portai un pronostic naturellement déduit du diagnostic lui-même.

Deuxième jour. La première cuillerée de la potion a provoqué l'expulsion d'une grande quantité de bile et de trois énormes lombrics. Depuis ce moment, la fièvre a cessé, la toux a disparu ainsi que le point de côté. Plus de râle crépitant à la base du poumon ; apyrexie complète.

Je cessai de voir l'enfant le quatrième jour. L'expulsion des parasites avait été le signal de la guérison, peut-être même la cause, à moins que l'on n'admette que dans ce cas quelques centigrammes d'émétique ont suffi pour amener en quelques heures la délitescence de l'inflammation pulmonaire. Pour moi, je ne puis me résigner à voir dans ce fait une simple coïncidence entre la pneumonie et la présence des helminthes dans l'estomac. Il me semble rationnel d'y trouver une corrélation plus intime, sans oser toutefois leur assigner des rapports manifestes de causalité.

FIN.

OUVRAGES DU MÊME AUTEUR :

Des causes de dystocie ; thèse pour le doctorat ; — Paris, 1845.

Mémoire sur le tétanos traumatique (*Union médicale*, 1851).

Essai de topographie médicale (*Gazette médicale de Lyon*, 1855.)

Mémoire sur la constitution médicale de la Côte-Saint-André, pendant l'été de 1855 (*Gazette médicale de Lyon*, 1856.)

Lyon. — Imp. d'A. Vingtrinier.

www.ingramcontent.com/pod-product-compliance
Lightning Source LLC
LaVergne TN
LVHW020413230826
846091LV00004B/1264